JULES PHILIPPE

GUILLAUME FICHET
SA VIE
SES OEUVRES

INTRODUCTION DE L'IMPRIMERIE A PARIS

ANNECY
J. DÉPOLLIER ET Cie, IMPRIMEURS-ÉDITEURS
1892

GUILLAUME FICHET

SA VIE, SES OEUVRES

JULES PHILIPPE

GUILLAUME FICHET

SA VIE
SES OEUVRES

INTRODUCTION DE L'IMPRIMERIE A PARIS

ANNECY

J. DÉPOLLIER ET Cie, IMPRIMEURS-ÉDITEURS

1892

AVANT-PROPOS

Voici en quelques mots l'origine de ce livre.

Jules Philippe avait entrepris l'étude approfondie de la vie et des travaux d'un Savoyard, Guillaume Fichet, professeur et docteur de Sorbonne, qui fut l'un des principaux auteurs d'un événement considérable dans la vie intellectuelle de Paris : la fondation de son premier atelier typographique.

Ses recherches patientes et éclairées lui fournirent une moisson de documents si abondante, qu'au moment de les utiliser, la simple biographie qu'il avait en vue d'écrire devenait un fort volume.

Il dut alors, et sur les instances de ses éditeurs, en faire deux parts : l'une, présentant un intérêt scientifique général, devint *L'Origine de l'Imprimerie à Paris* (*) ; l'autre offrait un caractère plus particulièrement local ; c'était le récit, d'ailleurs encore inachevé, de la vie et des travaux de Fichet.

Malgré les atteintes d'une maladie longue et cruelle, malgré les préoccupations toujours plus grandes de la

(*) Charavay frères, éditeurs ; Paris, 1885.

vie politique, Jules Philippe voulut achever son œuvre; et quand la mort vint mettre fin à une existence toute d'honneur et de travail, le manuscrit était terminé, sauf quelques remaniements purement de détail.

En le publiant aujourd'hui, la famille de l'Auteur tient une promesse faite dans des circonstances douloureuses et solennelles.

Elle considère comme son premier devoir de remercier de tout cœur les Editeurs, car leur dévouement et leur fidélité à une mémoire vénérée lui permettent de réaliser un désir sacré.

Elle a la confiance que ce livre sera bien accueilli du public, et particulièrement des Savoyards, parce que les pages en ont été dictées par cet amour du sol natal, par cette fierté de nos gloires nationales, que tous nous possédons enracinés dans nos cœurs.

GUILLAUME FICHET

CHAPITRE PREMIER

SOMMAIRE. — Guillaume Fichet. — Son origine. — Le Petit-Bornand et la famille Fichet. — Guillaume Fichet aux écoles de La Roche. — Il entre au collège des Savoyards à Avignon. — Le cardinal de Brogny, fondateur de ce collège. — Les études en Savoie au XVe siècle. — Guillaume Fichet entre à la Sorbonne.

En retraçant l'histoire de l'Introduction de l'imprimerie en France et de l'établissement du premier atelier typographique de Paris (1), nous n'avons point voulu seulement rappeler ce fait intéressant, mais aussi remettre en lumière les hommes qui en ont été les principaux auteurs.

Ces hommes font partie de cette pléiade d'esprits distingués qui, défenseurs énergiques d'un principe,

(1) *Origine de l'Imprimerie à Paris, d'après des documents inédits,* par Jules Philippe. — Paris, Charavay frères, éditeurs (1885).

propagateurs infatigables d'un art ou d'une science, ont presque disparu dans l'oubli, leur rôle ayant été jugé trop secondaire ou la cause à laquelle ils s'étaient dévoués ayant semblé peu importante tout d'abord. Et cependant que de services ont rendus parfois ces oubliés !

Ne nous appartient-il pas, à nous, enfants d'un siècle où le triomphe de la science l'emporte enfin sur celui des ambitions brutales, de restituer à ces modestes travailleurs, chaque fois que nous le pouvons, la part qui leur revient dans la victoire finale dont nous avons profité ?

C'est donc mû par ce sentiment de justice que nous avons formé le dessein de rappeler la vie et les travaux de ceux qui ont doté Paris et la France de la première imprimerie. L'initiative prise par ces hommes doit leur procurer la reconnaissance de la nation qui a le plus fait tourner au profit de l'humanité l'art dont ils ont été les introducteurs dans notre Patrie.

N'est-ce pas remplir un devoir national que de leur assurer la place à laquelle ils ont droit dans le souvenir des Français ?

L'un de ces hommes fut Guillaume Fichet, docteur de Sorbonne, professeur de théologie et de rhétorique dans le célèbre collège de ce nom et recteur de l'Université de Paris en 1467.

La nationalité de Guillaume Fichet est connue et incontestable, car il a pris soin de prévenir toute erreur à ce sujet, en signant dans les termes suivants une lettre qu'il écrivit au duc de Savoie en 1471 : *Guillelmus Fichetus, parisiensis theologus doctor,* PATRIA VERO SABAUDUS. Il s'est désigné de la même manière dans une des lettres qu'il adressa au cardinal Bessarion et dans une autre au roi d'Angleterre, en envoyant à ce souverain un ouvrage du même cardinal. Nous le verrons aussi, à l'époque où il commença à prendre un rang distingué parmi les membres associés de la Sorbonne, se donner le titre de *socius gebennensis,* le lieu de sa naissance faisant partie du diocèse de Genève.

D'autre part, Gaguin, l'historien renommé, élève de Guillaume Fichet, a affirmé l'origine de son maître dans les vers qu'il composa pour être placés à la suite d'un traité de *Rhétorique* que Guillaume Fichet fit imprimer en 1471 :

Felix illa quidem tali Sabaudia alumno,
Cujus erit Gallis perpetuatus honor.

« Heureuse est la Savoie d'avoir un tel enfant que vous, qui serez l'éternel honneur de la France ! »

Guillaume Fichet était donc Savoyard.

Il naquit le 16 septembre 1433, détail biographique qu'aucun auteur n'a donné jusqu'à ce jour. C'est M. Léopold Delisle, l'éminent administrateur de la Bibliothèque nationale, qui, le premier, a publié cette date dans son excellent travail intitulé : *Le Cabinet des manuscrits de la Bibliothèque nationale*, d'après une note relevée sur un manuscrit ayant appartenu à Guillaume Fichet, note qui avait été écrite par ce dernier lui-même ([1]).

Malheureusement, Guillaume Fichet n'a pas eu la précaution d'ajouter à la mention de la date de sa naissance, l'indication du lieu où il avait vu le jour ; et on ne trouve nulle part cette indication formulée d'une manière absolument précise. Mais de divers témoignages, reposant sur des données sérieuses, il résulte que Guillaume Fichet est né au Petit-Bornand, en Faucigny ([2]).

Jusqu'à ce jour, et suivant une opinion émise par un historien savoyard, Grillet ([3]), tous les biographes

([1]) M. L. Delisle a attribué cette note au manuscrit n° 16,026 ; mais il y a là une erreur, car ce manuscrit ne contient aucune note semblable. Cette erreur a pu se produire par suite d'un classement nouveau qui a été fait depuis l'époque où M. L. Delisle préparait son travail, ou par toute autre cause qu'on ne peut préciser. Ce qu'il y a de certain, c'est que M. L. Delisle a bien eu sous les yeux l'intéressante note dont il s'agit et qui appartient à un manuscrit dont on n'a pu retrouver encore la trace malgré les recherches faites. Voici en quels termes précis s'exprime M. L. Delisle en l'attribuant au manuscrit n° 16,026 :

« A la fin de ce manuscrit est une note constatant que « Guillaume Fichet naquit en 1433, le mercredi après « l'Exaltation de la Sainte-Croix. »

En 1433, le mercredi qui a suivi la fête de l'Exaltation de la Sainte-Croix était le 16 septembre.

([2]) Aujourd'hui arrondissement de Bonneville (Haute-Savoie.)

([3]) Grillet, *Dictionnaire historique des départements du Mont-Blanc et du Léman*, Chambéry, 1807. T. I. p. 399.

ont fait sortir Guillaume Fichet d'une famille de ce nom, qui fut de petite noblesse, et posséda un château au chef-lieu du Petit-Bornand. Grillet affirme que les archives de cette maison, éteinte dans la personne d'une demoiselle Marie-Joséphine-Ignace Fichet, marquise d'Arvillars, prouvent que Guillaume était né au Petit-Bornand.

Mais Grillet, tout en se rapprochant de la vérité, croyons-nous, ne s'est point suffisamment expliqué sur la situation de la famille des Fichet. En disant que Guillaume appartenait à cette famille, établie de temps immémorial au Petit-Bornand, il se montrait exact; mais en laissant supposer que le futur professeur de Sorbonne était sorti de la branche noble, il anticipait sur les évènements, car Guillaume naquit en 1433 et les Fichet anoblis ne datent que du 20 septembre 1594.

Des recherches que nous avons faites dans la localité même, il résulte que les Fichet sont originaires du Villard, hameau de la commune du Petit-Bornand; qu'ils se sont divisés en nombreux rameaux, dont quelques-uns existent encore dans le hameau sus-nommé. Guillaume devait appartenir à une de ces branches qui, plus riche que les autres composées de simples cultivateurs, vint s'établir au chef-lieu et fut anoblie 160 ans après la naissance de celui qui avait illustré son nom.

Les Fichet du chef-lieu du Petit-Bornand étaient arrivés à ce point de prospérité et d'importance, dans le XVe siècle, que s'ils n'étaient pas encore pourvus de patentes de noblesse, ils étaient tout au moins considérés comme bourgeois titrés.

Nous avons dit qu'ils se divisèrent en de nombreuses branches. Guillaume, dans la préface de son traité de *Rhétorique,* parle de sa *très nombreuse* famille à laquelle, dit-il, non sans un peu de vanité, les travaux qu'il a entrepris et les distinctions dont il a été l'objet procureront une certaine renommée. Plusieurs membres de cette maison quittèrent leur village et firent souche dans diverses localités de la Savoie; quelques-uns s'établirent à Annecy, où on retrouve leurs descendants inscrits, dans le xve siècle, sur les registres municipaux. Guillaume lui-même, dans une lettre imprimée dont on ne possède qu'un fragment (1), fait allusion aux proches parents qu'il avait à Annecy.

Guillaume Fichet eut plusieurs frères, et il est à présumer que l'un d'eux fut Mamert Fichet, évêque *in partibus* d'Ebron et suffragant de l'évêque de Genève, Jean-Louis de Savoie, en 1470 (2). Nous avons lieu de croire que ce Mamert était frère de Guillaume, et voici pourquoi : Mamert cessa ses fonctions de suffragant à la fin de 1470 ou au commencement de 1471, et il eut

(1) Bibliothèque nationale, vélins n° 2021.

(2) Voir *Mémoires pour l'histoire ecclésiastique des diocèses de Genève, Tarentaise, etc.,* par Besson, Nancy (pour *Annecy)* 1759, p. 53. Besson donne à Mamert Fichet le titre de docteur de Sorbonne; mais nous n'avons pu retrouver ce nom sur la liste des *socii* de l'école. Peut-être Besson a-t-il confondu, pour ce titre, Mamert avec Guillaume qu'il ne nomme pas.

pour successeur, dans cette charge, Claude, évêque de Claudiopolis, qui fit la visite du diocèse de Genève en 1471 [1]. Depuis cette époque, on le perd de vue en Savoie ; on ne le voit cité nulle part. Mais nous pensons avoir retrouvé ses traces dans une lettre du cardinal Bessarion adressée à Guillaume, en date du 13 février 1472 ; dans cette lettre, le cardinal prie Guillaume d'écrire à son frère : *in Sabatios ad fratrem tuum...* [2] On peut croire que ce frère était Mamert qui avait occupé une place distinguée dans le clergé savoyard.

En 1490, après la mort de Guillaume Fichet, un Henri Fichet, aussi du Petit-Bornand, notaire impérial, était, au dire de Charles-Auguste de Sales [3], commissaire de Louise de Savoie, duchesse de Châlons. Des notes historiques laissées par un savant collectionneur de la Savoie, M. Montréal, désignent Henri Fichet comme frère de Guillaume.

[1] Même ouvrage que ci-dessus.

[2] Voir *Recueil* mss. de lettres de Bessarion et de Fichet, Bibl. nat. Réserve Z. Lettre VIII de la 2e partie.
Il faut observer que les mots *in Sabatios*, par lesquels Bessarion a désigné les Savoyards, constituent une erreur géographique ; les *Vadœ Sabata* étaient une station romaine située à l'endroit où se trouve aujourd'hui le port de Savone, près de Gênes, appelé Vay-de-Savone, indiqué dans la *Table* dite de Peutinger. Plusieurs auteurs ont cru que ce nom désignait la Savoie. Bessarion, grec d'origine, et peu au courant de la géographie des Alpes, a partagé cette erreur.

[3] *Pourpris historique de la maison de Sales ;* Annecy 1659. in-4°.

Ajoutons que, plus de cent ans après ce dernier, sortait de la même famille ou d'une branche collatérale un autre Fichet, du Petit-Bornand : Alexandre, né en 1589, qui fut un prédicateur et un écrivain religieux de premier ordre, professeur de rhétorique à Lyon, théologien du cardinal de Richelieu.

Si nous sommes entré dans des détails un peu longs au sujet de l'origine de Guillaume Fichet, c'est que nous avons à cœur de bien établir la nationalité de notre compatriote; chacun doit tenir aux gloires de son pays, et nous avouons être jaloux des nôtres presque à l'excès, pour ce motif qu'on nous les a souvent disputées. C'est ainsi que quelques biographes — rares il faut bien le dire — ont prétendu que Guillaume Fichet était né à Anet (Eure-et-Loir), se fondant sur le qualificatif d'*Alnetanus* que prit quelquefois notre professeur; or, ce qualificatif était simplement motivé par ce fait que Guillaume Fichet avait possédé un bénéfice à Anet. D'autres, simulant le doute ou craignant de se prononcer parce qu'ils ne s'étaient pas donné la peine d'étudier la question, se sont tus sur l'origine de Guillaume Fichet; c'était manquer à la mémoire de cet homme dont les services étaient acquis à la France et qui avait pris lui-même la patriotique précaution de désigner sa région natale à plusieurs reprises.

Oui, c'est bien dans cette pittoresque et splendide vallée du Petit-Bornand qu'est né celui que nous verrons remettre en honneur les lettres et l'éloquence dans la capitale de la France, celui qui eut l'insigne honneur de contribuer à l'introduction de l'imprimerie dans cette capitale de l'intelligence. — Verdoyante et poétique vallée! Il fut un temps sans doute où elle retentit du fracas des combats, alors qu'elle était commandée par un château fort défendant l'étroit passage d'Entremont qui conduit du Faucigny en Genevois, à cette époque où toutes les vallées savoisiennes étaient couvertes de forts seigneuriaux, la région du Faucigny surtout, qui fut soumise à tant de fluctuations politiques depuis l'origine des Etats de Savoie jusqu'au moment où elle entra définitivement dans le domaine des successeurs d'Humbert Ier. Le château fort tomba un jour; et alors la vallée du Petit-Bornand redevint et resta ce que la nature l'avait créée. Etroitement enserrée dans de hauts contreforts, elle n'offre aux regards qu'un splendide amas de verdure; du sommet à la base des monts, poussent vigoureux et luxuriants les sapins et les hêtres, parcs rustiques entremêlés de prairies dont le vert émeraude se marie au vert sombre des forêts : pays enchanteur, où l'âme peut rêver à son aise; vallons, séjour du repos, plus faits pour inspirer le penseur, le philosophe que pour exciter l'imagination de l'aventurier!

S'il est vrai que l'homme emprunte ses goûts, ses penchants, à la nature du pays qui l'a vu naître, on comprend qu'il soit sorti de cette vallée alpestre non des capitaines, des coureurs d'aventures, mais bien des hommes comme Guillaume Fichet, préférant la plume à l'épée, la paisible gloire littéraire à la renommée bruyante conquise sur les champs de bataille.

On ne sait rien de bien certain sur la première jeunesse de Guillaume Fichet. Grillet [1] prétend qu'il apprit les *éléments de la grammaire et de la langue latine* dans les écoles de La Roche, ce qui est probable, car cette ville était, au milieu du xve siècle et depuis longtemps, le petit centre intellectuel de la région savoisienne où se trouve le Petit-Bornand. En 1410, il y existait déjà des écoles où l'on enseignait en effet la grammaire et la langue latines ; c'est là aussi que dans les premières années du xvie siècle, le fameux Père Favre, dit *Le Fèvre*, de Saint-Jean-de-Sixt, et le Père Le Jay, d'Aïse, théologien du Concile de Trente, furent initiés aux règles grammaticales du latin. Albanis Beaumont [2] dit que Guillaume Fichet fit ses premières études à Chambéry.

A quelles sources Grillet et Albanis Beaumont ont-ils puisé leurs renseignements? Nous l'ignorons. Toutefois, l'un et l'autre peuvent avoir raison ; Guillaume Fichet a pu commencer son instruction littéraire à La Roche et la continuer à Chambéry. Mais ce qu'il y a de certain, et ce qui était ignoré jusqu'à ce jour, c'est qu'il acheva ses études secondaires à Avignon. Cette ville possédait alors un collège fondé en 1424 par le cardinal de Brogny, né près d'Annecy et compatriote de Guillaume Fichet. Le cardinal de Brogny avait suivi

(1) Ouv. cité, T. I, p. 185 et 398.

(2) *Description des Alpes grecques et cottiennes*. Paris, imp. Didot, 1802-6. T. I, p. 324.

un instant, dans le grand schisme d'Occident, la fortune des papes d'Avignon, dont l'un, Clément VII (un prince savoyard, Robert de Genève), l'avait créé cardinal en 1385. Bien que le cardinal de Brogny eût quitté ensuite Avignon pour travailler à l'extinction du schisme; bien qu'il eût présidé le Concile de Constance, fulminé la déchéance de Jean XXIII, reçu l'abdication de Grégoire XII, prononcé la sentence de déposition de Benoît XIII, et enfin fait élire et couronner Martin V le 14 novembre 1417, il n'oublia point la ville pontificale française où il avait reçu la plus haute dignité ecclésiastique. Riche, pourvu de nombreux bénéfices, il employa son immense fortune à des fondations de toute sorte en Italie, en France et en Savoie. C'est ainsi qu'il fonda, en 1424, deux ans avant sa mort, le collège de Saint-Nicolas-d'Annecy à Avignon, grand établissement qu'il dota richement, auquel il légua sa bibliothèque composée de sept cents volumes, et où il créa vingt-quatre bourses en faveur d'étudiants savoyards.

Qu'il nous soit permis de constater à cette occasion — et avec un légitime orgueil — que la plupart des Savoisiens favorisés par le sort loin de leurs foyers, n'ont jamais oublié leur pays au milieu des éblouissements que donne parfois la fortune; presque toujours ils ont associé à leur bonheur la Patrie, cette source féconde des sentiments les plus élevés du cœur, et où l'âme va se rafraîchir quand elle a été brûlée par les ardeurs des luttes de la vie.

Guillaume Fichet profita d'une des bourses créées en faveur des Savoisiens au collège d'Avignon. Nous avons trouvé la preuve de ce fait dans une note écrite en lettres microscopiques de la main de Guillaume Fichet lui-même, sur un des manuscrits qui lui ont appartenu [1]; elle est ainsi conçue :

« Hic Franciscus fuit in diebus suis curia romana relicta, heremicola in diocesi Cavalicensis in orificio fluvii Sorgie, in distancia a civitate avinionensis sex leucorum, sepultusque fuit avinionensis in ecclesia beati Laurensis, *que loca singula pergressus fui ego G. ficheti dum studio vacarem in dicta civitate avinionensis* M°IIII°LV. cujus omnia opera egregia sunt in libreria collegii sancti Marcelli avinionensis. »

Ne retrouve-t-on pas dans ce souvenir du jeune âge noté par le grave docteur, alors sans doute qu'il professait depuis plusieurs années en Sorbonne, ne retrouve-t-on pas la marque de cet esprit éminemment littéraire, poétique même, amant des belles œuvres de l'intelligence que nous verrons s'affirmer à chaque heure de sa courte, mais laborieuse carrière ?

Pétrarque, la fontaine de Vaucluse, Laure peut-être.... — honni soit qui mal y pense ! — avaient frappé l'imagination du jeune étudiant savoyard, dont un point jusqu'ici inconnu de son existence nous est révélé grâce à leur poétique et riante souvenance !

[1] Cette note se trouve en marge de la dernière page d'une copie du *Livre de la vie solitaire* de Pétrarque ; mss. Fonds latin, n° 16,683, Bibl. nat.

Ainsi Guillaume Fichet faisait ses études à Avignon en 1455, et il n'y a pas de doute que ce ne fût dans le collège de Saint-Nicolas-d'Annecy, qui seul recevait des étudiants savoyards. A quelle époque entra-t-il dans cet établissement ? Un document certain nous permet de répondre encore à cette question. C'est Guillaume Fichet lui-même qui nous fait connaître l'époque de son arrivée à Avignon, dans une lettre adressée au cardinal Bessarion, datée du 13 février 1470, et dans laquelle il dit : « ... Audiveram equidem annis superioribus *(quos undevigenti partim in studiis humanitatis, partim in philosophia, partim in theologia schola consumpsi)* esse ferre te unum quem etas meum haberet virum doctissimum [1]. »

Dans la préface de son traité de Rhétorique il a affirmé le même fait, mais en fixant le commencement de ses études à dix-huit ans en arrière ; il a écrit *duodevigenti* au lieu de *undevigenti*.

Il y avait donc dix-huit ou dix-neuf ans, en 1471, que Guillaume Fichet avait commencé ses études secondaires, c'est-à-dire qu'il était entré en 1452 ou 1453 au collège d'Avignon, à l'âge de 19 ans.

De là, il partit pour Paris.

Aussi loin qu'on peut remonter dans l'histoire littéraire et scientifique de la Savoie, on constate que les hommes de la race robuste de ce pays ont de tout temps peu hésité à s'expatrier pour tirer parti de leurs

(1) V. *Recueil* ms. de lettres de Bessarion et de Fichet ; lettre I de la 2e partie.

forces intellectuelles. Depuis des siècles, on a vu des Savoyards se répandre un peu dans tous les pays et occuper souvent les postes les plus élevés dans les universités étrangères, dans l'Eglise, dans les administrations publiques. C'est là une vérité prouvée par les faits, incontestable ; et si nous l'affirmons avec une certaine insistance, c'est qu'elle combat une opinion que beaucoup encore regardent comme fondée, à savoir que les Savoyards, en fait de forces, n'ont jamais possédé que celles des muscles.

Les Savoyards, placés entre la France et l'Italie, liés politiquement à cette dernière pendant plusieurs siècles, quoique de race absolument française, jetés par les hasards de la politique tantôt à droite tantôt à gauche des Alpes dont ils occupaient les contreforts, les Savoyards se sont habitués de bonne heure à sortir de leurs vallées pour chercher un champ plus vaste où ils puissent utiliser et leur intelligence et leur activité. Ce n'était point la pauvreté seule, ainsi qu'on le croit d'ordinaire, qui les poussait à s'expatrier ; leur pays était assez riche pour les nourrir, car il produisait tous les genres de denrées, depuis la vigne amie du soleil jusqu'aux céréales qui bravent les frimas ; mais ils voulaient prendre part aussi à la large vie intellectuelle qui ne s'épanouit qu'au sein des grandes nations, dans les centres éclairés, là où se distribue la lumière en flots abondants.

Car, il faut le dire aussi, la vie intellectuelle, qui élève l'homme et dore ses destins souvent mauvais de quelques rayons consolateurs, a été de tout temps en honneur dans ce pays de Savoie, qui a passé et passe encore aux yeux de quelques-uns pour une contrée où l'homme, courbé péniblement sur la bêche, ignore les grands élans de l'âme, les nobles aspirations de l'esprit. L'amour des sciences et des lettres n'a point fait défaut aux Savoyards, qui ont présenté ce spectacle intéressant d'un petit peuple isolé, livré pour ainsi dire à lui-même, ayant su, malgré les difficultés créées par une situation pareille, prendre une place dans le concert des nations, s'associer un peu partout au mouvement scientifique auquel il a apporté souvent des forces nouvelles et imprimé une plus vive allure.

Ajoutons que dans cette partie du XVe siècle que nous considérons particulièrement, en ce moment où la renaissance littéraire commençait à passer d'Italie en France en franchissant les Alpes, les brises d'outre-monts laissèrent tomber en passant un peu de la manne intellectuelle qu'elles transportaient. Les princes de Savoie, imitant quelques-uns des princes italiens, ne laissèrent pas de donner l'exemple du culte des lettres et des sciences. Charlotte de Savoie, femme du roi Louis XI, aimait les livres ; Louise de Savoie, mariée à Charles d'Angoulême en 1488, apporta en France le même goût littéraire puisé au sein de sa famille, et encouragea les libraires ; Jean-Louis de Savoie, évêque de Genève, mort en 1482, avait une bibliothèque très remarquable pour l'époque ; et Charles III, ce duc de Savoie si malheureux en politique, eut à cœur de protéger les écrivains, entre autres l'historien Claude de Seyssel, dont il fit son conseiller intime [1]. On voit qu'en Savoie l'exemple partit de haut.

Pendant plusieurs siècles, et déjà à l'époque dont nous nous occupons, les Savoyards désireux d'embrasser une carrière libérale allaient chercher le savoir à deux foyers célèbres, en France et en Italie : en Italie, pour les études du droit, au sein de ces universités qui commandaient l'attention du monde civilisé ; en France, pour toutes les autres études, notamment celles qui avaient pour objet les sciences religieuses. Le droit et la théologie, telles étaient les deux branches d'études qui tenaient le premier rang en Savoie au xve siècle. Elles étaient, là comme ailleurs du reste, les deux principales, les deux seules plutôt qui ouvrissent à leurs adeptes une voie à toutes les autres ; alors, jurisconsultes et théologiens étaient regardés comme les maîtres du savoir ; et en effet il était fréquent de rencontrer un jurisconsulte ou un prêtre doublé d'un homme de science ou d'un homme de lettres ; on résumait dans ces deux carrières toutes les aspirations, toutes les aptitudes.

Guillaume Fichet choisit la carrière ecclésiastique. Quelque trente ans avant lui, un petit berger savoyard,

[1] Le manuscrit de la traduction de Xénophon faite par cet auteur pour Charles III, est conservé dans la Bibliothèque nationale (n° 701) où on trouve un autre manuscrit (n° 159) qui, suivant M. Léopold Delisle, paraît avoir appartenu au duc Philibert, prédécesseur de Charles III.

que nous avons déjà nommé, était devenu célèbre sous le nom de cardinal de Brogny [1]. Peut-être le souvenir de cette étonnante fortune fut-il une des causes déterminantes de la résolution de Guillaume Fichet qui, après avoir quitté le collège d'Avignon, entra dans la maison de Sorbonne, à Paris.

Dans le milieu du xve siècle, la Sorbonne avait atteint un haut degré de renommée. Fondée de 1252 à 1255 par Robert de Sorbon, cette maison célèbre avait pris rapidement une place distinguée dans le monde universitaire. Le but principal du fondateur avait été de pousser les études théologiques à leur point le plus élevé ; ce qui n'avait pas empêché l'enseignement qu'on donna ensuite dans l'illustre collège de s'étendre de telle sorte qu'il répondît à toutes les exigences de l'époque. Les grades qu'on prenait en Sorbonne étaient difficiles à conquérir, grâce à la sévérité des examens, et le titre de docteur de Sorbonne était considéré comme le plus brillant qu'un homme d'Eglise pût obtenir. Enfin cette maison, on peut le dire, était devenue la vraie directrice de l'Université de Paris qui, du reste, nommait son Proviseur.

G. Fichet arriva à Paris dans le courant de 1459; au commencement de 1460, il y était étudiant en théologie se préparant au baccalauréat, et il avait déjà franchi un échelon, car le 21 février il faisait son premier cours de bible et était ainsi au nombre des

(1) Jean Fracson, né à Brogny, près d'Annecy.

biblici ordinarii [1]. L'année suivante, il remplit les formalités nécessaires pour être admis comme *associé* dans la maison de Sorbonne. Ce fut le 5 décembre 1461, sous le priorat de Jacob Briton, ainsi que le constate le *Registre original des prieurs* [2], qu'il demanda à être admis à l'examen *ad probationem ut moris*, en même temps que Pierre Strot et Michel Petit (Parvi), ce qui fut accordé à tous les trois à l'unanimité. Après un délai réglementaire de sept jours, c'est-à-dire le 12 décembre, les trois candidats demandèrent à être reçus *socii*, associés, avec jouissance d'une bourse [3]. Le même jour le prieur les recommanda,

[1] *Livre du grand Bedeau*, fol. 51 au verso. — Bibl. nat. ms. fonds ancien, 5657 C. — Voir aussi, *id.* ms. fonds ancien, 5657 A.

[2] *Registre original des prieurs de Sorbonne, de l'année 1430 à l'année 1483*; fol. 46. — Bibl. nat. ms. n° 5494 A. fonds latin. Il existe aussi à la Bibliothèque nationale une copie de ce registre provenant de la Sorbonne, et sur laquelle on lit cette curieuse note : « L'ori-« ginal ayant été prêté à M. Dupuis, garde de la « Bibliothèque du roi, à sa mort cet original se trouva « au nombre des mss. légués à la Bibliothèque du roi « par Dupuis. Malgré toutes les démarches, la Sorbonne « ne put rentrer en possession, et alors on fit faire la « copie ; l'original resta dans la Bibliothèque du roi, « n° 5494 A. »

[3] La dénomination de *bourse* vient de ce fait qu'en règle générale l'étudiant recevait, chaque semaine, une somme pour ses dépenses ; cette somme était appelée *bursa*, bourse, et se montait au plus bas à 2 sols parisis, et au plus haut à 8 sols p. Dans les collèges, les bourses étaient généralement de trois ou quatre sols. (V. l'excel-

suivant l'usage, au proviseur assisté des maîtres Pierre Corie, Thomas Roussel et Jean de Ecoute, *socii dicti collegii*. Enfin, quatre jours plus tard, Guillaume Fichet et ses camarades présentèrent solennellement leurs lettres d'admission comme associés avec bourse, aux maîtres et associés assemblés dans la Chapelle de la Sorbonne. La réunion les reçut à l'unanimité, sous les conditions ordinaires qu'ils jurèrent d'observer scrupuleusement; mais ils furent ajournés à un an pour la jouissance des bourses. A partir du 16 décembre 1461, Guillaume Fichet fit donc partie des *socii*, associés, de la Sorbonne.

---

lent travail de M. Thurot, intitulé : *De l'Organisation de l'enseignement dans l'Université de Paris au moyen âge ;* Paris-Besançon, 1850.)

Ajoutons que pour se rendre compte de la valeur du sou parisis au xve siècle, relativement à notre époque, on peut supposer que ce sou équivalait à 2 francs environ de notre monnaie.

CHAPITRE II

Sommaire. — Guillaume Fichet en Sorbonne. Époques où il prit ses grades universitaires. Ce qu'étaient ces grades dans l'Université de Paris. — Fichet est élu prieur de Sorbonne. — Il est nommé recteur de l'Université de Paris. Sa conduite comme recteur.

Jusqu'à ce jour, peu de renseignements ont été publiés sur Guillaume Fichet, écolier ou étudiant de Sorbonne, par ce motif qu'aucun de ses contemporains n'a écrit sur lui une notice biographique proprement dite. Lorsqu'il eut acquis un peu de célébrité dans le monde des lettres, les savants de son époque se sont bornés à intercaler dans leurs œuvres quelques notes ou appréciations sur son compte, mais sans parler des succès plus ou moins brillants qu'il remporta dans le cours de ses études, sans indiquer d'une manière précise les époques où il prit ses divers grades universitaires dans l'illustre maison de Sorbonne.

Sur cette partie, jusqu'ici assez obscure, de la vie de G. Fichet, nous avons pu recueillir des renseignements à des sources également précieuses, en dehors du *Registre des prieurs*. Ce document, après l'admission du nouvel asssocié, ne le cite plus que trois fois et encore pour des faits de pure administration intérieure: ainsi, il rapporte que le 19 septembre 1462, G. Fichet demanda une chambre qui lui fut refusée; que le 20 juin 1463, notre étudiant sollicita la continuation de la bourse qui lui avait été concédée probablement en 1462, ce qu'il obtint non sans une discussion assez longue portant sur les délais dans lesquels une bourse pouvait être renouvelée. Enfin le *Registre* ne cite plus G. Fichet qu'à la date du 21 Juillet 1463, encore à propos d'une chambre qui, cette fois, fut accordée au jeune associé [1].

Mais d'autres documents manuscrits nous ont fourni quelques indications sur les dates auxquelles G. Fichet prit ses divers grades. *Le Livre du grand bedeau,* qui nous a déjà fait connaître le jour où notre étudiant fit son premier cours sur la Bible, nous apprend aussi (folio 77, recto) qu'il fit le second le 31 août 1463, et enfin (fol. 84, verso) qu'il ouvrit son cours sur les *Sentences* en septembre de la même année: il était alors compris dans les *Sententiarii* dont on ne pouvait faire partie qu'après avoir professé deux cours

[1] La question des logements était importante à cette époque pour les étudiants de Paris. Voir à ce sujet un article intitulé : *La taxe des logements dans l'Université de Paris,* publié par M. Jourdain dans les *Mémoires de la Soc. de l'Histoire de Paris et de l'Ile de France,* T. IV p. 151, Paris 1878.

sur la Bible, et étudié en théologie pendant un certain nombre d'années.

Deux autres manuscrits, provenant aussi de la Sorbonne, indiquent approximativement la date à laquelle G. Fichet prit le grade de licencié. Ces manuscrits sont intitulés, le premier, *Ordo licentiatorum ab anno 1373 ad annum 1774-88* (1), et l'autre, *Liber de scriptoribus Sorbonicis* (2). D'après le premier, G. Fichet aurait été reçu licencié en théologie en 1468; d'après le second, il l'aurait été en 1467. Il faut croire que l'un a compté suivant le style actuel, l'année commençant au 1er janvier, et l'autre, suivant le style ancien, l'année commençant à Pâques. Or, comme en 1468 (nouveau style), cette fête se trouvait fixée au 17 avril, il faut tirer cette conclusion que G. Fichet se fit recevoir licencié dans les trois premiers mois de 1468 : et en effet, le *Livre du grand bedeau* vient faire disparaître tout doute en indiquant que ce fut le 23 janvier de cette année.

Ce dernier document porte que G. Fichet prit le grade de maître ou docteur le 7 avril suivant.

Il avait donc mis deux mois pour passer du grade de licencié à celui de maître. Il n'y a rien là qui doive étonner. La licence était le seul grade difficile à obtenir; prendre la maîtrise, ou le doctorat, c'était plutôt une formalité qu'on remplissait dans l'année à la suite des trois actes réglementaires : *vespéries,*

(1) Ms de la Bibliot. nat. — Fonds latin, n° 15,440.
(2) Ms. de la Bibliothèque de l'Arsenal, n° 1,020.

aulique et *resompte.* Ces actes, dit M. Thurot[1], n'étaient pas institués pour éprouver la capacité du récipiendaire ; ils n'étaient qu'une solennité célébrée en l'honneur et à l'occasion du *sacrement* qu'il avait reçu.

En admettant même que G. Fichet eût fort avancé ses études au collège d'Avignon, il n'est pas moins intéressant de constater, à son éloge, qu'il n'employa que neuf ans, de 1459 à 1468, pour devenir docteur en théologie, ce qui, pour la plupart, exigeait près de quatorze ans d'études.

Il faut ajouter que, pendant ce temps, il dut acquérir aussi successivement les grades de bachelier, licencié et maître ès-arts. Mais nous n'avons pu retrouver les dates de la collation de ces grades à G. Fichet. Peut-être était-il déjà bachelier ès-arts en 1462, car d'ordinaire il fallait avoir ce grade pour obtenir une bourse de théologie.

Quoi qu'il en soit, on ne peut douter que G. Fichet n'ait été un élève hors ligne, puisque la Sorbonne se l'attacha comme professeur aussitôt qu'il eut fait ses premières preuves de valeur scientifique. D'autre part, ses confrères lui confièrent bientôt les fonctions de prieur ; ce fut le 25 mars 1465 que G. Fichet reçut l'investiture de ces fonctions relativement importantes, puisqu'elles venaient de suite après celles de proviseur et donnaient au titulaire la charge souvent difficile de

(1) V. ouv. cité. p. 154.

présider les *disputes* théologiques pendant une portion de l'année ([1]). G. Fichet avait alors trente-deux ans.

Son nom est orthographié de plusieurs manières dans divers documents de cette époque. Alors, disons-le en passant, on était peu scrupuleux sur l'orthographe des noms propres en les traduisant du français en latin; on peut même dire que la fantaisie avait une trop large part dans cette œuvre de traduction, ce qui a occasionné plus d'une erreur. C'est ainsi que sur les registres de la Sorbonne on a écrit le nom de G. Fichet: *Phichetus, Vichetus, Fischetus, Fichetus.* On trouve de nombreux exemples de ces sortes de traductions fantaisistes des noms propres; ceux-ci finissaient souvent par devenir méconnaissables à force de subir des transformations dans leur passage de la langue d'origine à la langue morte et ensuite de celle-ci à la première. Nous aurons l'occasion de rencontrer quelques-uns de ces exemples dans le cours de notre récit; pour le moment, nous nous bornerons à citer, à titre de curiosité, celui qui se rapporte à l'évêque de Paris, Guillaume Chartier, que nous allons trouver au nombre des admirateurs et des bienfaiteurs de G. Fichet: Guillaume *Chartier* a vu son nom subir une traduction qu'on peut appeler peu res-

([1]) Tous les auteurs qui ont parlé de G. Fichet, ont écrit que les fonctions de prieur lui avaient été confiées en 1464, suivant les registres de la Sorbonne qui commencent l'année à Pâques. Le 25 mars 1464, pour les contemporains, était le 25 mars 1465 suivant la manière de compter actuelle, Pâques s'étant trouvé le 1er avril en 1465. Nous aurons plusieurs dates à rectifier ainsi dans le cours de cette étude.

pectueuse s'appliquant à un prince de l'Eglise; il fut transformé en *Guillelmus Quadrigarius,* traduction du mot français *charretier*, accompagnée même d'une sorte de jeu de mots! G. Fichet, à l'époque de son priorat, sacrifia lui-même à l'usage, pour orthographier son propre nom qu'il écrivit parfois ainsi : *Phichetus*. Il alla, à cet égard, aussi loin qu'il lui était possible, car passant du latin au français, il signa *Phichet,* comme on le verra plus loin. La transformation de la première syllabe répondait au grécisme très répandu à cette époque.

Les procès-verbaux du prieur G. Fichet méritent une attention spéciale. Ils occupent onze pages et demie du *Registre,* du verso du quarante-neuvième feuillet au verso du cinquante-cinquième. Il y en a peu d'aussi longs dans la série, et on voit, par leur rédaction, qu'ils sont dus à la plume d'un lettré scrupuleux, s'appliquant à ne rien omettre, à tout expliquer clairement en un latin aussi correct que s'il s'agissait de faire œuvre sérieuse de philosophie ou de littérature.

Il n'est pas jusqu'à la partie matérielle de ces simples procès-verbaux qui ne dénote chez leur auteur le goût de l'ordre et de la symétrie, qu'il devait posséder pour les choses matérielles aussi bien que pour celles de l'intelligence. Tout le texte, dans les premières pages surtout, est d'une écriture nette, ferme, sans ratures : nul doute qu'un de nos graphologues modernes ne pût découvrir dans cette écriture les qualités morales de l'éminent professeur de Sorbonne.

Les autres prieurs ont commencé la rédaction

de leurs procès-verbaux sans grande précaution ; G. Fichet, lui, a fait preuve d'un meilleur goût. La moitié de sa première ligne est écrite en grandes lettres initiales, dont voici le *fac simile :*

INCIPIT PRIORATUS *Magistri Guillermi* Phicheti, *soc. gebennensis*, etc.

Ne peut-on pas tirer de ces faits l'indication certaine que l'homme qui apportait un soin pareil à une œuvre si simple et si modeste, était un bibliophile de goût ?

Les procès-verbaux rédigés par G. Fichet, pendant son priorat, qui prit fin le 25 mars 1466 [1], ne mentionnent que peu de faits importants.

On y trouve cependant la trace des troubles politiques qui agitèrent la France sous le règne de Louis XI. Ainsi on y voit que le 7 août 1465, la maison de Sorbonne décida de mettre en lieu sûr les objets précieux qu'elle possédait et qui furent confiés à deux associés responsables du dépôt. Cette mesure fut prise, dit G. Fichet, *à cause des dangers que présente le temps présent, grâce aux nombreux belligérants qui occupent Paris.* C'était le moment où Louis XI avait à lutter contre la coalition des princes et seigneurs qui avaient formé la ligue dite du *Bien-Public*, que le

[1] Le *Registre original des prieurs* dit que G. Fichet fut remplacé par Michel Petit *(Parvi)*, le jour de l'Annonciation de 1465 *(ancien style)*. Pâques se trouvant le 6 avril 1466, il faut lire que le remplacement eut lieu le 25 mars 1466 *(nouveau style)*.

peuple, alors un peu oublié comme il l'est presque toujours en pareil cas, avait surnommée la ligue du *Mal-Public*.

On trouve aussi mentionné, dans les procès-verbaux de G. Fichet, un fait très souvent cité à l'honneur du jeune prieur. Les étudiants de l'Université de Paris étaient alors divisés en quatre *nations ;* cette division répondait à une répartition régionnaire d'ancienne date (1) : France, Allemagne, Normandie et Picardie. La France, fidèle de tout temps à ses instincts généreux, ouvrait déjà les portes de ses collèges et de sa grande Université à tous les hommes avides de science, sans exception de races. Des discussions s'élevèrent souvent au sein des membres associés de la Sorbonne, relativement à la distribution des bourses entre les étudiants faisant partie des quatre *nations*. En 1466, cette querelle prit une certaine importance et donna lieu à plusieurs délibérations des maîtres associés de la maison, les 4, 13 et 24 janvier (2). G. Fichet soutint énergiquement le principe de la répartition proportionnelle, et son avis fut sanctionné

(1) C'est vers le milieu du XIIIe siècle, dans une bulle du pape Innocent IV, datée du 13 mai 1245, qu'apparaît pour la première fois et d'une manière officielle, cette division des étudiants en *nations*, dans l'Université de Paris. — Une organisation à peu près semblable existe aujourd'hui dans l'Université d'Helsingfors, dont les étudiants sont répartis en six corporations correspondant à l'ancienne division administrative de la Finlande.

(2) Dans ses procès-verbaux, G. Fichet date exceptionnellement du 1er janvier l'année 1466.

par le proviseur. Ces délibérations ont paru assez importantes à notre prieur pour qu'il crût devoir les signer sur le registre, de sa plus belle écriture et en écrivant son nom comme suit : PHICHET.

Ajoutons qu'alors G. Fichet était *procureur* de la nation de France dont il faisait partie en sa qualité de Savoisien (¹).

Du Boulay cite un fait semblable à celui dont nous venons de parler, et qui se serait passé en 1464 ; à cette occasion, G. Fichet aurait déployé la même énergie et aussi avec succès, pour s'opposer à des prétentions injustes. Nous n'avons pu vérifier le dire de Du Boulay qui peut-être s'est trompé de date (²).

On voit donc que G. Fichet arriva rapidement à une situation élevée et à un haut degré d'influence dans la maison de Sorbonne. Aussi ne faut-il point s'étonner si bientôt il fut désigné pour remplir les fonctions de Recteur de l'Université de Paris. Pour exercer ces fonctions importantes, il fallait avoir pro-

(¹) *Index chronologicus chartarum pertinentium ad historiam Universitatis parisiensis*, par M. Jourdain, 3e livraison, p. 293-94.

Les *nations* étaient divisées elles-mêmes en *provinces*, lesquelles se divisaient en *diocèses*. La *nation* de France comprenait cinq *provinces* : Paris, Sens, Reims, Tours et Bourges. Les diocèses de la région savoisienne, Genève, Tarentaise, Saint-Jean-de-Maurienne et Aoste, faisaient partie de la *province* de Sens. On trouve le diocèse de Genève mentionné aussi dans la *province* de Bourges. (V. Thurot, *ouv. cit.* p. 19).

(²) *Hist. univers. pariensis*, T. V. p. 665 à 679.

fessé un cours complet dans la faculté des Arts ou avoir enseigné pendant six ans consécutifs en grammaire dans un collège renommé où existât une faculté des Arts, soit encore être bachelier en théologie, en droit, ou licencié en médecine. Le Recteur était élu par quatre délégués désignés eux-mêmes par chacune des quatre *nations* de l'Université (¹). Le rectorat était exercé pendant trois mois seulement par le même fonctionnaire. G. Fichet fut élu le 23 juin 1467.

Pendant son rectorat, G. Fichet eut l'occasion de rendre un service signalé aux étudiants de Paris. C'était à l'époque où Louis XI avait de fréquents démêlés avec le duc de Bourgogne, Charles le Téméraire, ce prince turbulent et batailleur. Le roi voulant renforcer son armée, ordonna d'enrôler par brigades tous les habitants valides de la capitale âgés de 16 à 60 ans, y compris les écoliers. Notre recteur prit chaudement le parti de ces derniers, qu'il ne voulait pas voir distraits de leurs travaux. Gaguin, qui le premier, semble-t-il, a fait connaître cet épisode de la vie de son ancien maître (²), dit que le roi fut persuadé par les raisonnements de G. Fichet au désir duquel il se rendit. On a prétendu que Louis XI, tout en faisant droit à la réclamation du Recteur de l'Uni-

(¹) Dans la *nation* de France, le délégué était nommé par le suffrage à deux degrés, et par chacune des cinq provinces à tour de rôle. (V. Thurot, *ouv. cit.* p. 21).

(²) *De francorum regum gestis ;* Paris 1528 ; Liv. X, fol. 244.

versité, lui garda, pour son intervention, une rancune qui ne se serait point apaisée puisqu'elle aurait été une des causes de la détermination que prit plus tard G. Fichet de quitter Paris ([1]). Cette dernière assertion n'est rien moins que prouvée ([2]), et nous verrons que G. Fichet eut bien d'autres raisons qui le poussèrent à s'éloigner de la capitale de la France.

Quant au fait en lui-même, dévoilé par Gaguin et mentionné par tous les biographes anciens et modernes, qui se sont du reste copiés les uns les autres sans recourir aux sources, nous pensons qu'il est vrai de tous points. On en trouve en effet la mention dans l'ouvrage de M. Jourdain. Cet auteur reproduit, dans sa 3e livraison, page 293, un extrait du registre du procureur de la *nation* allemande où il est question de l'affaire de l'armement des étudiants. On y voit que cette question commença, depuis le 13 juin 1467, à préoccuper l'Université qui en délibéra ce jour-là, puis les 18 et 23 du même mois. Le 23, G. Fichet était élu Recteur. Le 29, l'Université arrêta les termes d'une lettre adressée au roi pour soutenir les privilèges de la grande institution parisienne. Le Conseil pria l'évêque

([1]) Du Boulay, *ouv. cit.*, tome V, p. 878, écrit: « .... *Coactus enim fuerat ex urbe Parisiensi discedere, quia Ludovico XI Academiæ armari scholasticos imperanti repugnaverat.*

([2]) On verra plus loin que Louis XI confia en 1469 une mission diplomatique à G. Fichet; il ne l'aurait sûrement pas fait s'il avait nourri un tel ressentiment à son égard.

d'Avranches, Jean Bouchard, confesseur du roi et par conséquent influent, de joindre ses efforts aux siens pour la défense de ces privilèges, et désigna maître Martin, de la nation de Normandie, pour l'associer à l'évêque et aller chez le roi.

Le 8 juillet, l'Université fut réunie pour délibérer de nouveau sur la question au sujet de laquelle les commissaires royaux insistaient. On nomma alors des députés chargés de s'entendre avec les commissaires, et on arrêta de surseoir à toute décision jusqu'au retour des envoyés de l'Université à la cour.

Dans ce temps-là, comme toujours, l'accès auprès du souverain n'était pas facile. Les envoyés désignés le 29 juin durent attendre quelques jours avant d'être reçus par Louis XI. Le 12 juillet, enfin, ils purent rapporter une lettre du roi qui témoignait de tout l'intérêt qu'il portait à l'Université. Des remerciements furent votés à l'évêque d'Avranches auquel s'était joint celui d'Evreux [1], et à maître Martin qui reçut quatre écus pour ses frais de déplacement.

Mais le roi, paraît-il, n'avait donné que de *l'eau bénite de cour* dans sa lettre à l'Université ; le 16 juillet, le conseil fut de nouveau réuni pour recevoir la réponse des commissaires royaux dont l'insistance ne s'était pas calmée, et pour délibérer sur la conduite à tenir en pareille occurrence. La réponse des commissaires fut évasive, car on voit l'Université persister en ses

[1] Jean de la Balue, le même qui joua ensuite un si triste rôle dans les affaires publiques.

prétentions : elle se déclare fidèle au roi, à qui elle offre, non peut-être sans une légère pointe d'ironie, *ses armes à elle*, c'est-à-dire *des prières et des processions*, mais à qui elle refuse absolument son concours par les *armes matérielles*. C'était profiter avec esprit du caractère essentiellement ecclésiastique, religieux, que revêtait l'institution de l'Université.

Les envoyés reprirent le chemin de la cour et insistèrent tant et si bien auprès du roi, que l'Université fut convoquée une dernière fois le 25 juillet pour recevoir l'heureuse nouvelle que le souverain renonçait à faire armer les étudiants. La ténacité toute savoyarde de G. Fichet eut sans doute sa part dans cette victoire, puisque Gaguin l'affirme, et le résultat obtenu ne fut pas d'une petite importance si l'on remarque qu'à cette époque tout devait plier sous la volonté du souverain.

L'Université et la Sorbonne se sont toujours beaucoup mêlées aux querelles, non seulement religieuses mais aussi politico-religieuses, qui ont agité la France, sans compter qu'elles ne se sont pas gênées pour faire irruption dans les débats purement politiques. C'est ainsi que les troubles civils du règne de Charles VII, les luttes de la Ligue, les disputes suscitées par le jansénisme ne les laissèrent point indifférentes; et il n'en pouvait être autrement dans un temps où l'Eglise, dont la puissance ne relevait que de sa fortune politique, vivait avec l'Etat dans une promiscuité si complète, que, dans les moments difficiles, leurs intérêts respectifs devaient le plus souvent se confondre. Mais à cette époque, aussi, il y avait déjà en France une Eglise nationale qui, bien que soumise au pape, n'était pas inféodée à l'ultramontanisme, et la Sorbonne, par exemple, a tenu haut et ferme le drapeau du catholicisme français, de telle sorte qu'on a pu la nommer avec raison, pour ce fait, le *Concile subsistant des Gaules.*

Sous le rectorat de G. Fichet, l'Université eut à s'occuper de la pragmatique-sanction, de cette ordonnance royale rendue par Charles VII en 1438, pour régler diverses questions religieuses en assurant à l'Eglise de France une certaine indépendance. Louis XI abolit et remit en vigueur, alternativement, suivant les besoins de sa politique, cette ordonnance qui avait été reçue avec joie par le clergé national. Un ministre, Jean de la Balue, évêque brouillon, ambitieux, prévaricateur, traître à ce point que plus tard Louis XI le fit enfermer dans une cage de fer, poussa le roi à abolir la pragmatique-sanction ; il pensait s'attirer de la sorte les bonnes grâces du pape dont il voulait obtenir le chapeau de cardinal. Les lettres royales d'abolition furent accueillies avec colère par les grands corps de l'Etat. Le parlement en refusa l'enregistrement et la publication, malgré les menaces de la Balue. L'Université, elle, consentit à la publication des lettres, mais elle fit enregistrer son opposition au Châtelet et déclara en appeler au futur concile.

Tels furent les événements les plus importants qui marquèrent le rectorat de G. Fichet dont les fonctions cessèrent le 10 octobre 1467. Andréas Berguier lui succéda.

CHAPITRE III

SOMMAIRE. — G. Fichet est chargé par Louis XI d'une négociation diplomatique secrète. — Éloges de G. Fichet faits par ses contemporains. — Nature et portée de son enseignement à la Sorbonne.

La haute situation que s'était faite G. Fichet par sa science et son caractère, lui valut, ont dit plusieurs auteurs, d'être appelé à se mêler aux événements politiques qui ont marqué le règne agité de Louis XI, et dont les principaux furent les longs démêlés de ce roi avec le duc de Bourgogne. Albanis Beaumont [1] va jusqu'à appeler G. Fichet un *grand diplomate*. « Cette dernière qualité, dit-il, fut tellement reconnue « par le roi de France, qu'en plusieurs occasions il fut « envoyé auprès des ennemis de ce souverain pour les « engager à entrer en négociations. » G. Fichet lui-même paraît confirmer cette assertion dans la *péroraison* de son traité de *Rhétorique*, où on trouve cette phrase: *post gestam a me regiam legationem*. Jean Heynlin, dit Jean de Lapierre, affirme le fait, et il écrit, dans

[1] *Ouvrage cité.*

une lettre que nous retrouverons en tête d'une édition des *Devoirs*, de Cicéron (l'un des premiers livres imprimés à Paris), ces mots à l'adresse de G. Fichet: « ... prieur de Sorbonne, recteur de l'Université, « *ambassadeur du roi, légat du pape,* vous avez « exercé ces fonctions d'une manière digne de « louanges. »

Il serait difficile de ne pas croire à la sincérité d'une affirmation aussi nette, venant d'un ami, d'un contemporain bien au courant des événements de son époque. Nous n'avons pas été assez heureux pour trouver nous-même des preuves de cette affirmation dans les annales historiques du temps ou dans les auteurs de mémoires politiques postérieurs, depuis Commyne jusqu'aux écrivains français qui se sont occupés de G. Fichet comme professeur et homme de grand savoir.

Mais un patient chercheur, après de longues et laborieuses recherches entreprises d'abord par pure curiosité, a retrouvé les traces d'une négociation confiée à G. Fichet par le roi Louis XI. M. Moufflet, proviseur de lycée en retraite, décédé aujourd'hui, a pu avoir sous les yeux des documents précieux établissant la part prise par notre compatriote dans la mission envoyée au duc de Milan, Galéaz-Marie Sforza, en 1469. Le roi avait adjoint à G. Fichet un autre docteur de Sorbonne, Gilles des Alvets, *Egidius de Alvetis,* mais à titre secondaire, car G. Fichet prit seul la parole au nom du roi de France.

Il prononça devant le duc de Milan neuf harangues dont le texte manuscrit a été copié par M. Moufflet à la Bibliothèque de la ville de Saintes qui le conservait, et publié il y a peu d'années par les soins de sa famille [1]. Le manuscrit a disparu dans un incendie qui détruisit, en novembre 1871, l'Hôtel-de-Ville et la Bibliothèque de Saintes; mais son existence est mentionnée dans le catalogue de la Bibliothèque heureusement sauvé de l'incendie, et fait à double exemplaire [2].

Le titre placé en tête des harangues est le suivant:

« Guillermi Ficheti, Parisiensis Theologi doctoris, in ea legatione, quam cogendi generalis Ecclesie consilii causa, pro Ludovico, Christianissimo Francorum Rege, apud illustrissimum Mediolani Ducem et alios quosdam Italie Principes feliciter gessit, habite orationes sequuntur. »

A en juger d'après le texte des harangues, la mission dont était chargé G. Fichet devait rester

(1) *Étude sur une négociation diplomatique de Louis XI, roi de France,* par S. Moufflet, officier de l'Université, proviseur de lycée en retraite. — Marseille, typ. et lith. Blanc et Bernard, 1884.

(2) Ce manuscrit était relié à la suite d'un ouvrage imprimé, et formant avec lui un volume petit in-4°, en assez mauvais état. Le volume, dont la partie imprimée a pour titre *Epitomæ de regno Apulie et Sicilie*, etc., figure avec mention du manuscrit, au catalogue de la Bibliothèque, chap. V, section VIII, § 28, n° 40, page 649 du tome Ier. Ce catalogue avait été dressé en deux exemplaires, chacun de deux volumes in-folio, dont l'un est celui qui a été sauvé du désastre. L'autre est à Paris.

secrète. Elle avait pour but d'engager le duc de Milan, Galéaz-Marie, fils et successeur de François Sforza, à se concerter avec le roi de France pour obtenir du pape Paul II, la convocation d'un concile général, en même temps que Louis XI faisait des démarches dans le même sens auprès du roi d'Angleterre, de l'Empereur et des princes qui régnaient en Espagne et en Allemagne [1]. Le titre que nous venons de transcrire peut laisser croire que G. Fichet avait été chargé de négocier spécialement et toujours dans le même but, avec quelques autres puissances italiennes; mais il résulte de la troisième et de la quatrième harangue que ce fut le duc de Milan qui fit appuyer le vœu de Louis XI auprès du roi de Naples et de Pierre de Médicis, chef de la république de Florence.

Que le but poursuivi par le roi de France ait été réel et sincère, il ne nous appartient pas de le discuter; nous citerons seulement les motifs mis en avant par son envoyé, et présentés par lui comme autant de nécessités impérieuses. Le premier était de mettre fin aux désordres de l'Eglise et aux abus de la Cour de Rome; il paraît assez singulier dans la bouche de G. Fichet, qui souvent s'était montré très catholique et très romain, mais qui obéissait ainsi à son esprit d'indépendance gallicane. En second lieu, il fallait organiser une croisade contre les Turcs, ce qui répondait à une idée alors généralement répandue et à

[1] S. Moufflet, *ouvr. cité*.

laquelle nous verrons G. Fichet se dévouer complètement à la suite du cardinal Bessarion. Le troisième motif, enfin, répondait, lui aussi, à une préoccupation générale qui était d'étouffer les hérésies de toutes sortes, très nombreuses, suivant G. Fichet, en Bohême et en Hongrie.

Le manuscrit ne porte aucune mention d'année. Le titre de la première harangue : *In reddendis regiis litteris prior apud Mediolani Ducem habita oratio, mense Januario, die sexto, hora fere decima,* fixe au 6 janvier la date du début de la mission; d'autre part, G. Fichet fit ses adieux, dans sa neuvième harangue, le jour de la fête de Saint-Sébastien, *die festo Sebastiani martyris,* c'est-à-dire le 20 janvier; la négociation a donc duré quinze jours. Quant à la date de l'année, que nous avons dit être 1469, elle est fixée par deux faits mentionnés dans les harangues : le mariage de Bonne de Savoie avec le duc Galéaz-Marie, qui eut lieu le 6 juillet 1468 ; puis le titre de chef de la république de Florence qui y est donné à Pierre de Médicis, mort le 3 décembre 1469 [1]

L'authenticité de la mission de G. Fichet s'est trouvée confirmée par la découverte, dans les archives de Milan, de cinq pièces consistant en lettres du duc Galéaz-Marie, et de ses envoyés à Florence. La copie de ces documents a été communiquée à M. Moufflet par le

[1] Il ne saurait être ici question que de Pierre Ier, Pierre II n'étant parvenu qu'en 1492 au gouvernement de Florence. — S. Moufflet, *ouvrage cité.*

conservateur, M. Louis Osio. Ils portent la date de 1470, ce qui indique que la négociation a été reprise une seconde fois dans cette année ; enfin, une lettre du duc de Milan au roi de France contient les lignes suivantes :

« Cum ad me Guillelmus Fichetus et Egidius de Alvetis, in sacra theologia magistri, legati tui, viri quidem et litterarum ornamentis et sapientia prediti, plurima.. a te ex consulto instituta attulerint, nihil mihi ambigendum duxi. »

Au reste, la vocation diplomatique ne semble pas avoir jamais été celle de G. Fichet ; le professorat absorbait la meilleure partie de son temps, il y consacrait toutes ses forces, toutes ses facultés intellectuelles, et c'est comme homme de science qu'il laissa une grande réputation dans les annales de la vieille Université de Paris.

A cet égard, tous les auteurs qui ont parlé de lui sont d'accord entre eux. Nous avons cité une appréciation de Jean Heynlin; dans la lettre qui la contient, ce docteur ajoute en s'adressant à son éminent collègue : « C'est vous qui avez devancé tous les savants en « introduisant à Paris l'éloquence de Rome. » Gaguin, ainsi que nous le verrons, a parlé à plusieurs reprises de G. Fichet avec éloge en prose et en vers, mû sans doute par un double sentiment de reconnaissance et d'admiration. Ainsi, en louant l'intervention victorieuse du recteur de l'Université en faveur des étudiants que

Louis XI voulait enrôler comme soldats, Gaguin écrit les lignes suivantes : « Guillaume Fichet était à la tête « des écoles comme recteur ; c'était un homme d'un « grand esprit, savant en doctrine et puissant dans « l'art de parler ; ce fut grâce à lui que la lumière se « fit, en mon temps, dans les études des belles-lettres « alors complètement ignorées ; il fut aussi la cause « que beaucoup connurent la langue latine et apprirent « à la parler élégamment [1]. »

Du Boulay [2] répète cet éloge textuellement.

Puis ailleurs, dans une pièce de vers en l'honneur de notre docteur, et dont nous avons déjà reproduit un passage, nous entendrons Gaguin s'écrier dans un élan de lyrisme : « La noble Lutèce peut vous élever « jusqu'aux cieux, vous qui lui procurez des orateurs « habiles par votre enseignement éloquent !..... Vous « serez ainsi pour la France, ce que Prométhée fut « pour la Grèce, lui qui du feu céleste anima le limon « dont l'homme était composé. Vous serez aussi « comme Deucalion, ce père des hommes, qui donna « le souffle de la vie à des pierres. Heureuse est la « Savoie d'avoir un enfant tel que vous, qui serez « l'éternel honneur de la France! Réjouissez-vous donc, « docteur, car votre nom a conquis l'immortalité ! »

Gibert, recteur de l'Université de Paris, est entré dans de très amples détails, pour esquisser la vraie

(1) Gaguin, *ouv. cité ;* liv. X, fol. 244.

(2) *Ouv. cité ;* T. V, p. 682.

physionomie de G. Fichet et nous initier à la vie active du professeur et du savant : « .... Mais ce qui « fait principalement sa gloire, dit-il, c'est qu'il paraît « avoir établi, ou du moins rétabli à Paris, l'étude de « la rhétorique, qu'un trop grand attachement à la « philosophie avait jusque là empêchée, ou en quelque « sorte étouffée. De sorte que Fichet fut en France, « de son temps, ce qu'Isocrate avait été à Athènes, « c'est-à-dire qu'il y fut un Orateur et Maître habile, « et le père de l'Eloquence (1). »

Ces éloges peuvent sembler exagérés : comparer G. Fichet au premier des rhéteurs grecs, à celui qu'on a nommé le plus parfait des artistes en discours, c'est pousser peut-être l'assimilation un peu trop loin. Mais, à tout considérer, ne serait-il pas possible de trouver des points de ressemblance entre ces deux hommes, tous deux professeurs d'éloquence, l'un dans l'ancienne Athènes et l'autre dans la moderne ?

G. Fichet arrivait dans un temps où, depuis de longues années, les discussions philosophiques et dogmatiques, prolixes et diffuses, absorbaient les meilleures intelligences. La rhétorique n'était pas complètement exclue de l'enseignement universitaire, mais elle y tenait très peu de place (2). Déjà dans le courant du

(1) *Jugemens des savans sur les auteurs qui ont traité de la Rhétorique,* etc., par Gibert, ancien recteur de l'Université de Paris; 3 vol. in-12, Paris, 1713. Voir T. III, p. 509 et suiv.

(2) Thurot, *ouv. cit.* p. 83.

XIVe siècle, une réaction s'était opérée contre cette insuffisance ; à la fin de ce siècle, Pierre d'Ailly, Gerson et Clémengis poursuivirent l'œuvre commencée; toutefois, les efforts de ces professeurs n'avaient produit des résultats utiles que dans la sphère modeste de ceux qu'avec un certain dédain on nommait les *grammairiens.* G. Fichet accentua le mouvement et visa plus haut en mettant en honneur la rhétorique dans l'enseignement supérieur : n'eût-il eu que le mérite d'avoir ramené les esprits à des tendances plus rationnelles et surtout d'un caractère d'utilité plus réelle, en leur inculquant l'amour et le culte des belles-lettres, qu'il serait digne des éloges qui lui ont été prodigués : l'exagération même de ces éloges n'est-elle pas une preuve du bien qu'il a fait ?

Mais ce ne fut pas sans se livrer à un rude labeur que G. Fichet accomplit son œuvre bienfaisante. Il était maître ès-arts et docteur en théologie, c'est-à-dire qu'il avait embrassé dans ses études toutes les parties de l'enseignement donné à cette époque, moins le droit et la médecine (1). Et il enseignait toutes les branches des connaissances scientifiques et littéraires qu'il avait acquises ! Depuis le jour où il fut pourvu d'une chaire,

(1) L'enseignement, dans l'Université de Paris, était divisé en quatre *facultés :* Arts, Théologie, Décret soit Droit, et Médecine.

La faculté des Arts était la plus suivie et la plus importante avec celle de Théologie : elle comprenait toutes les sciences exactes connues à cette époque et les lettres.

jusqu'à l'époque où il quitta la Sorbonne [1], G. Fichet fit régulièrement plusieurs cours chaque jour, soit dans la Sorbonne, soit dans les écoles de la rue du Fouarre, au centre du quartier universitaire : le matin, il enseignait tantôt la philosophie, tantôt les lettres saintes ; l'après-midi était consacrée à l'enseignement de l'art oratoire « En sorte, dit Gibert, que c'était un homme « infatigable, qui soutenait ainsi parfaitement et sa « qualité de docteur en théologie, et celle de docteur « ès-arts, dont il se fit honneur toute sa vie. »

[1] Gibert prétend que G. Fichet enseigna pendant vingt-deux ans. Il y a une erreur dans cette assertion. G. Fichet quitta la Sorbonne vers la fin de 1472, ainsi qu'on le verra ; en adoptant l'opinion de Gibert, G. Fichet aurait commencé à professer en 1450 ; or nous avons dit qu'il ne vint à Paris qu'en 1459. Gibert a probablement mal interprété le sens de la phrase que G. Fichet a insérée dans la préface de son traité de *Rhétorique* en parlant de lui-même.... *qui duodevigenti annos ante meridianis quidem temporibus alias Philosophiam et quas artes liberas dicunt.... edocuit.* Tout d'abord, Gibert aura traduit *duodevigenti* par *vingt-deux*, tandis qu'il fallait dire *dix-huit.* En second lieu, le mot *edocuit* n'a peut-être pas le sens restreint que lui a donné Gibert ; nous avons cité, en effet, dans le premier chapitre, le passage d'une lettre de G. Fichet à Bessarion en date du 13 février 1470, dans lequel notre professeur explique au cardinal qu'il a passé déjà *dix-neuf* ans *(undevigenti)* dans l'étude de la philosophie et des lettres. G. Fichet a compté par approximation, et sans y attacher plus d'importance, *dix-neuf* ans d'études en 1470, et *dix-huit* en 1471 ; cette contradiction apparente n'enlève rien au sens général qu'il faut donner à l'expression de l'idée : G. Fichet a voulu dire qu'il avait passé 18 ou 19 ans *aussi bien à apprendre qu'à enseigner* soit à Avignon, soit à Paris.

A l'appui des appréciations flatteuses des divers auteurs sur la science et le travail opiniâtre de G. Fichet, on peut citer ce qu'il dit lui-même à ce sujet. Dans une lettre qu'il écrivit à l'abbé des Cisterciens, Humbert Martin, en date du 31 juillet **1471**, il s'exprime en ces termes :

« ... Je vous aurais écrit depuis longtemps pour vous complimenter, si je n'avais suivi que mon désir ; mais j'en ai été empêché par mes devoirs multiples et quotidiens de professeur, devoirs qui véritablement me laissaient à peine le temps de manger et de dormir et faisaient que tous mes instants étaient employés à écrire, à lire et à enseigner.

« En effet (et je puis le dire sans chercher à me flatter), une fois et le plus souvent deux fois par jour, non seulement j'ai fait une leçon de théologie devant une très nombreuse réunion d'auditeurs, mais encore j'ai dicté, expliqué en détail un traité de rhétorique que j'ai écrit moi-même et que je vous envoie maintenant dans l'espoir qu'il sera de quelque utilité aux vôtres.

« De ce labeur considérable est résulté une maladie d'un mois qui m'a forcé de régler plus sagement mes travaux excessifs et de m'imposer plus de modération dans mes veilles. A la vérité cela m'a donné du loisir pour vous écrire, d'autant mieux que le calme est revenu, Mars et Bellone ayant apaisé leurs fureurs et déposé leurs armes (1). »

G. Fichet, dans cette dernière phrase, fait allusion à la paix momentanée qui était intervenue en

(1) Voir le *Recueil* ms. des lettres de Bessarion et de G. Fichet, 1re partie, lettre n° IX.

avril 1471, entre Louis XI et le duc Charles de Bourgogne.

Mais si notre professeur remplit scrupuleusement, au-delà même de ses devoirs, la mission que lui confia la maison de Sorbonne, il fut avant tout, à en juger par ses tendances manifestées durant sa laborieuse carrière, un homme de littérature, un amoureux des œuvres de l'imagination ; plus enclin à savourer les beautés de style des écrivains illustres de l'antiquité, que porté à se plier aux règles absolues des sciences dogmatiques.

La Renaissance, à son aurore en France, devait avoir en lui un adepte dévoué d'instinct.

CHAPITRE IV

SOMMAIRE. — Les protecteurs de G. Fichet à Paris. — Ses relations avec Bessarion. — Le cardinal Bessarion : son origine, son influence en Italie, ses travaux. — Alliance intellectuelle intime entre Bessarion et G. Fichet.

La science, l'activité de G. Fichet, lui valurent bientôt un attachement sincère de la part des hommes les plus haut placés. Des membres distingués du clergé français se prirent non seulement d'amitié mais encore d'admiration pour lui, et ne se bornant pas à de banales louanges, parèrent à ses besoins matériels. G. Fichet n'était pas riche, et son traitement de professeur était loin de lui fournir les ressources suffisantes pour satisfaire à toutes les nécessités de la vie. Le traitement des professeurs, à cette époque, procurait à peine aux titulaires les moyens de s'habiller, de s'entretenir décemment. Au reste, la rétribution imposée aux étudiants était peu élevée, et les collèges, tels que celui de la Sorbonne, avaient à faire de grands efforts pour équilibrer leur budget. Dans le plus grand nombre des écoles, la paille en hiver et l'herbe en été, remplaçaient les sièges, et encore ces *tapis* naturels étaient-ils rarement renouvelés.

Ce fait donne une idée de la parcimonie apportée, en ces temps-là, dans la partie matérielle de l'enseignement public, parcimonie à laquelle certains supérieurs ecclésiastiques attachèrent même une intention moralisatrice ([1]).

G. Fichet ne put accepter qu'avec reconnaissance une pension que lui fit le cardinal d'Autun, Jean Rolin, et un bénéfice ([2]) — celui d'Anet (Eure-et-Loir), — que lui donna l'évêque de Paris, Guillaume Chartier, ce prélat aimé des pauvres et qui se mit mal avec Louis XI pour avoir demandé la diminution des impôts qui écrasaient le peuple, comme aussi et surtout pour avoir parlementé avec les princes en lutte avec ce roi.

On trouve le souvenir de ces libéralités au cours de la correspondance de G. Fichet. Dans une lettre qu'il écrivit au cardinal Rolin en 1471, il dit en s'adressant à ce prélat : « Adieu, directeur de mes études, auteur « généreux de mes autres biens ! ([3]) » A l'évêque Char-

([1]) Vers 1366 et 1452, on tenta de remplacer la paille et l'herbe par des sièges ; mais les cardinaux Sainte-Cécile et d'Estouteville réprimèrent ce *luxe corrupteur* ; ils exigèrent que les écoliers fussent assis par terre pour éloigner de leur cœur, dirent ces prélats, toute tentation d'orgueil. — V. Thurot, *ouv. cit.* p. 69.

([2]) D'après les bulles des papes Jean XII (1330) et Clément VI (1346), les membres de l'Université de Paris pouvaient jouir des revenus de leurs bénéfices pendant 7 ans, sans condition de résidence. Mais ces faveurs étaient très rarement accordées. — V. Thurot, *ouv. cit.* p. 29.

([3]) V. lettre n° 1 de la première partie du *Recueil*, ms. des lettres de Fichet et de Bessarion.

tier, il manifesta aussi sa gratitude en termes chaleureux, le reconnaissant comme l'un des premiers qui l'ont aidé à sortir de peine dans le dur métier qu'il faisait [1].

Mais si notre professeur reçut de bonne grâce les dons provenant de ses frères en religion, il ne mit point tant d'empressement à accepter les offres qui lui furent faites par certains princes du sang et peut-être par le roi de France lui-même. Il assure, dans une lettre adressée au cardinal Bessarion, qu'il refusa l'argent qui lui fut offert dans la cour des princes [2]. Ce refus mérite d'être signalé, car il atteste chez G. Fichet un sentiment d'indépendance digne d'éloges, une fierté de caractère qui sied à merveille à l'homme de science et qui l'élève aux yeux de la postérité.

Ce ne fut pas seulement en France que G. Fichet parvint à gagner d'illustres amitiés. En Italie, dans ce pays où un mouvement nouveau se manifestait sous l'influence des Grecs qui, chassés de l'Orient par les Turcs, avaient apporté sur la péninsule italique leur goût, leur science et leur finesse d'imagination, en Italie, G. Fichet se lia, par correspondance, avec un des plus célèbres de ces Grecs, le cardinal Bessarion.

[1] V. *Historia Sorbonnica*, p. 223. Bibl. de l'Arsenal, ms. latin n° 1020. —V. aussi dans le *Recueil* dit *factice*, Bibl. nat. *Réserve* 2,623, une lettre de G. Fichet à l'évêque Chartier où il rappelle que celui-ci lui donna le bénéfice d'Anet pendant que lui, G. Fichet, était recteur de l'Université.

[2] V. n° X de la 3me partie du Recueil ms. des lettres de Fichet et de Bessarion.

Bessarion était né à Trébizonde en 1395; il avait conquis rapidement les honneurs ecclésiastiques. En 1438, Jean Paléologue l'avait nommé évêque de Nicée. Il était en Italie bien avant la conquête de Constantinople par les Turcs. Il y avait été envoyé comme faisant partie de la délégation grecque au concile assemblé à Ferrare d'abord, puis à Florence, en 1439, dans le but de tenter la fusion des églises grecque et latine. Le patriarche de Constantinople, Joseph II, évêque d'Ephèse, qui assistait aussi au concile, étant mort le 9 juin 1439, Bessarion fut nommé pour le remplacer, mais il refusa cet honneur en prévision des luttes religieuses qui menaçaient de devenir plus ardentes, et aussi parce qu'il avait des préférences marquées pour l'Eglise de Rome. Il se fixa en effet dans cette ville, après le concile, et il fut l'objet de grandes faveurs de la part du pape Eugène IV qui le nomma évêque de Sabine et cardinal-prêtre sous le titre de Nicée.

Pie II lui conféra le titre de patriarche de Constantinople, et il faillit lui-même devenir pape.

Bessarion fut enfin l'un des plus puissants fomentateurs du mouvement grec en Italie, mouvement d'où sortit la Renaissance. « Pendant cinq pontificats, dit M. Henri Vast, il resta le plénipotentiaire de la Grèce en Italie et le représentant le plus respecté de la Renaissance ([1]). »

([1]) *Le cardinal Bessarion* (1403-1472), *étude sur la chrétienté et la Renaissance vers le milieu du* XVe *siècle*, par Henri Vast, in-8°, Hachette édit. Paris, 1878.

Nicolas V (1447-1455), esprit éclairé [1], protecteur des lettres et des arts, fondateur de la Bibliothèque Vaticane, avait offert aux Grecs une généreuse hospitalité à Rome. Bessarion, l'un des plus considérables, devint naturellement l'objet de ses attentions bienveillantes.

L'illustre Grec avait attiré à Rome quelques-uns des hommes remarquables qu'il avait rencontrés dans sa vie de savant et de lettré; tels étaient Nicolo Perotti, de Bologne, Jacques Parléone, de Venise, Jacques Sceva, un Grec de Chypre. Il avait formé une vraie cour de lettrés. L'Académie de Rome était devenue sa chose; un instant il se procura même le luxe d'avoir une académie à lui. Vrai Mécène, il encouragea les écrivains, tout en produisant lui-même; il était devenu un latiniste renommé pour la pureté de la langue et du style, ce qui lui avait valu d'être appelé par Laurent Valla *le plus Grec des Latins et le plus Latin des Grecs.*

Cependant Bessarion n'eut pas toujours une fortune égale. Dans les temps troublés où il vivait, dans ces temps où la cour des papes était aussi agitée que les cours des rois, l'illustre cardinal eut à subir des infortunes morales que ses richesses et son amour des lettres l'aidèrent à supporter patiemment. Le pape Paul II (1464-1471) le tint à l'écart, et alors, tout en conservant un magnifique appartement au Quirinal, il se réfugia à Tusculum, dans la riche abbaye de Grotta-Ferrata dont

[1] C'est le pape Nicolas V qui eut le bonheur de terminer le schisme de Bâle et d'amener la retraite de Félix V, — le duc Amédée VIII de Savoie.

il avait été nommé commendataire par Pie II, en 1462. Là, dans ce pays même où Cicéron s'était retiré après le triomphe de César pour composer les *Tusculanes*, Bessarion ne s'occupa que de la culture des lettres grecques et latines ; sa riche collection de manuscrits grecs devint l'objet préféré de ses études et il traduisit en latin plusieurs de ces manuscrits. Entre temps, il ne négligea pas de disputer sur les grandes questions philosophiques et religieuses. C'est ainsi qu'il prit part à la fameuse querelle entre les partisans de Platon et ceux d'Aristote. Il se fit le défenseur de Platon contre le Grec Georges de Trébizonde, qui l'attaqua durement, et il écrivit, à l'occasion de cette dispute, un livre intitulé : *Adversus calumniatorem Platonis libri V, et liber de Natura et arte adversus Giorgium Trapezuntium* (Rome, 1469).

La réputation de Bessarion, grâce aux travaux du savant et aux actes de munificence du riche lettré, s'était répandue dans toute la chrétienté, et c'est vers le moment où le cardinal bataillait pour Platon et tenait académie à Tusculum ou au Quirinal, qu'il faut fixer le commencement de ses relations avec G. Fichet.

Notre savant docteur, ami passionné des lettres, admirateur de la belle latinité, attentif au mouvement rénovateur qui se produisait en Italie, et qu'il devait rêver de voir s'étendre en France, dut ressentir une affection toute particulière pour le cardinal Bessarion dont la renommée exaltait les brillantes campagnes littéraires et philosophiques.

Bessarion et G. Fichet, sous le rapport des aspirations de l'esprit et du cœur, étaient faits pour se comprendre. Le hasard leur avait même procuré un singulier point de rapprochement dans leur vie de luttes philosophiques. G. Fichet avait aussi son Grec ennemi, tout comme Bessarion avait le sien. Ce Grec, introduit à Paris par Grégoire Tiphernas, ou *Tiphaine* [1], avait émis quelques doctrines hardies et nouvelles, paraît-il. Jusque-là il pouvait être dans son droit; mais il dépassa les limites en défendant ses doctrines au moyen de libelles injurieux pour les professeurs de Sorbonne, et pour G. Fichet en particulier. Cette querelle eut lieu dans le commencement de 1470. Notre docteur, toutefois, ne répondit point à son adversaire par un autre libelle ou une dissertation en règle, ainsi qu'avait fait Bessarion envers son Grec; il trouva plus commode d'appeler à son aide l'Université, qui fit afficher le 1er avril 1470 qu'elle défendait aux étudiants d'entendre le Grec coupable et de partager les doctrines de ce perturbateur; procédé un peu sommaire, mais assez usité à cette époque [2].

Lequel des deux, de Bessarion et de G. Fichet, entama des relations avec l'autre? Rien ne le fait connaître d'une manière absolument précise; mais on doit sup-

[1] Grégoire Tiphaine avait été appelé lui-même à Paris en 1457, pour y enseigner le grec et la rhétorique, au prix de cent écus par an. Il fut probablement le premier qui enseigna le grec à Paris.

[2] Du Boulay, *ouv. cité*, vol. V, p. 692.

poser que ce fut G. Fichet qui fit le premier pas, commença une correspondance sinon très active, du moins incessante durant deux années, qui noua enfin des relations dont l'intimité grandit avec le temps et fut féconde en incidents, en actes de dévoûment réciproques. C'était en effet au plus humble à aller au-devant du plus illustre; il devait appartenir au simple professeur de Sorbonne de faire le premier pas vers le prince de l'Eglise dont les entreprises excitaient ses sympathies, vers ce cardinal lettré qui, au rebours de ce que faisaient beaucoup de ses collègues, employait son temps et ses richesses à distribuer autour de lui la plus large instruction, à encourager les arts et les lettres.

Ce fut au commencement de 1470, que vraisemblablement commença le commerce épistolaire qui s'établit entre nos deux personnages, correspondance non de complimenteur à complimenté, mais correspondance sérieuse devant aboutir à une vraie et solide amitié.

Grâce à l'ordre et à la prévoyance de G. Fichet, nous possédons un recueil de quelques-unes des lettres échangées (1), documents inédits dans lesquels nous avons été heureux de trouver bien des renseignements qui nous ont permis de jeter quelque lumière sur la vie jusqu'ici peu connue du savant professeur de Sorbonne, sur ses actes publics, voire sur la part qu'il a prise dans l'introduction de l'imprimerie en France. Ce

(1) Recueil déjà cité, Bibl. Nat. Réserve Z.

dernier fait, d'une importance capitale, appellera spécialement notre attention.

La première des lettres formant le recueil des correspondances échangées entre Bessarion et G. Fichet, est écrite par ce dernier ; elle est datée des *Ides de février*, sans millésime, mais nous pensons qu'il faut lui donner la date du 13 février 1470, et voici pour quels motifs.

La lettre de G. Fichet, par le ton général qui la caractérise, indique clairement, à notre avis, qu'elle a été le point de départ des relations qui s'établirent entre le docteur de Sorbonne et le cardinal. G. Fichet y fait tout d'abord l'éloge de la science de ce dernier ; il a appris à le connaître, dit-il, dans le cours de ses études, par son directeur intellectuel le cardinal d'Autun (Jean Rolin) qui l'a souvent entretenu des mérites de Bessarion. Il ajoute qu'il a été fortifié dans la haute idée qu'il s'était faite du caractère et de la valeur du prélat grec par Guillaume Baudin, lequel en revenant de Rome, *aux Kalendes de juillet*, lui a fait les plus grands éloges de l'illustre prince de l'Eglise... *qui Roma veniens (ubi penitentiarii partes gesserat, geruitque denuo) ea profecto de tuis laudibus sæpe multisque narravit.*

G. Fichet dit ensuite qu'il a lu l'ouvrage dirigé contre Bessarion par le Grec Georges de Trébizonde, ouvrage que le fils de ce dernier, André, a envoyé aux docteurs de Sorbonne, à la date des *nones de juin*, en accompagnant d'une lettre chaque exemplaire. G. Fichet se livre alors à une sévère appréciation de l'œuvre du Grec ennemi, en termes accablants pour celui-ci qui est malmené à l'excès et chargé d'objurgations, d'épithètes foudroyantes.

Enfin G. Fichet exhorte Bessarion à la patience, l'encourage à soutenir la bonne cause et l'assure de son humble dévoûment ainsi que de l'intérêt qu'il lui inspire. Il termine sa lettre par ces mots : *Idibus februarii parisii scriptum, a tuo mancipiolo Guillermo Ficheto parisiensi theologo doctore, patria vero sabaudo.*

Les deux lettres qui suivent celle de Fichet, et qui sont la IIe et la IIIe du *Recueil*, sont signées de Bessarion et portent chacune la date précise du 13 décembre 1470 [1]. La première est évidemment une réponse à celle du docteur de Sorbonne, réponse qui paraîtrait bien tardive si on ne se reportait à l'époque où se passaient les faits que nous racontons, à cette époque où les correspondances ne s'échangeaient point aussi rapidement que de nos jours et ne se transmettaient que par des messagers d'occasion.

Bessarion, dans sa première missive, dit à son tour qu'il a appris à connaître G. Fichet par G. Baudin qui lui a confirmé l'envoi, aux docteurs de Sorbonne, de la diatribe de Georges de Trébizonde, par le fils de ce dernier. Baudin lui a fait connaître aussi qu'à propos de ces grandes questions, G. Fichet désirait entretenir un commerce épistolaire suivi. Après quoi, Bessarion

[1] Le cardinal Bessarion, comme le prouve toute sa correspondance, comptait les années suivant le nouveau style.

raconte longuement l'origine et les diverses phases de sa lutte avec son adversaire, et il annonce à G. Fichet qu'il lui envoie son livre sur Platon, œuvre qu'il n'avait pas osé jusque-là offrir aux docteurs de Paris; il joint à ce volume la réponse faite aux calomnies de Georges de Trébizonde. Cet envoi marquera, dit-il, le commencement d'une amitié mutuelle que lui, Bessarion, ressent déjà pour G. Fichet dont la valeur lui a été révélée.

Par sa seconde lettre, aussi datée du 13 décembre 1470, Bessarion transmet à G. Fichet un autre ouvrage qu'il venait de composer, ses *Orationes in bello Turcis inferendo*, dont nous aurons à parler plus loin.

Ainsi, des termes mêmes de ces correspondances; des expressions employées par les deux personnages pour expliquer par quelles circonstances ils ont été attirés l'un vers l'autre; du ton général de la lettre de G. Fichet qui marque évidemment une entrée en relation; de la précaution prise par lui de bien désigner son origine savoisienne, précaution qu'il avait à cœur de prendre en écrivant à un personnage avec lequel il n'avait pas entretenu jusque-là de correspondance; de toutes ces considérations il faut déduire, nous semble-t-il, que la lettre datée par G. Fichet des *Ides de février* a précédé celles de Bessarion datées du 13 décembre 1470, et doit en conséquence être fixée à la même année.

Ce serait donc dans le courant de 1470 que nos deux savants personnages se sont liés d'amitié et ont commencé une correspondance qui se continua assez régulièrement presque jusqu'au moment où la mort les sépara, après de nombreuses luttes et des déceptions communes que leurs lettres nous permettront de retracer en partie.

Les relations qui s'établirent entre ces deux intelligences d'élite furent surtout fondées sur un même dévoûment à la science et sur d'égales aspirations généreuses ; Bessarion en Italie, G. Fichet en France, se tendirent la main à travers les Alpes, contractèrent une union scientifique et littéraire à l'aurore de la Renaissance dont ils furent les adeptes zélés sur ces deux terres privilégiées.

Si Bessarion eut le mérite d'être un des promoteurs les plus en vue d'un mouvement littéraire qui marqua en Italie une époque de régénération intellectuelle, G. Fichet prit en France, à Paris, l'initiative d'une entreprise semblable, mettant en honneur l'étude des belles lettres, enseignant l'éloquence, et par-dessus tout contribuant à introduire sur la terre française cet art de l'imprimerie destiné à dissiper les erreurs et à émanciper l'humanité.

CHAPITRE V

SOMMAIRE. — Notes préliminaires sur l'invention de l'imprimerie. — Usage des lettres gravées dans l'antiquité. — Compétitions au sujet de la découverte de l'art typographique. — Impressions xylographiques. — Gutenberg, Fust, Schoiffher. — Premiers livres imprimés apportés à Paris. — Résistance de la corporation des libraires à Paris, au XVe siècle. — Guillaume Fichet et Jean Heynlin.

L'invention de l'art typographique a donné lieu à un grand nombre de revendications, ce qui n'est point étonnant. Il en a été de cette découverte comme de beaucoup d'autres, dont l'application a modifié profondément l'état social de l'humanité.

Dans les premières années qui ont suivi l'invention de la typographie, les conséquences que cette découverte devait avoir pour les destinées humaines n'ont point frappé l'esprit public. On n'y vit tout d'abord qu'un moyen mécanique ingénieux de suppléer à la lenteur des copistes, et de parer aux difficultés que ceux-ci rencontraient dans l'exercice de leur métier.

Plus tard, lorsque l'art typographique commença à paraître aux yeux des nations civilisées comme le moteur le plus puissant du progrès intellectuel, lorsqu'on se rendit bien compte de la révolution que cet art avait opérée et allait opérer avec une force toujours plus grande et plus invincible, chaque peuple voulut s'attribuer l'honneur de l'avoir vu naître chez soi.

Plus de quinze villes de divers pays ont prétendu à l'honneur d'avoir été le berceau de l'art typographique. Profitant des obscurités historiques dans lesquelles se débattait forcément la question, les commentateurs se sont livrés à d'innombrables et curieuses combinaisons de lieux, de noms et de dates pour attribuer à leur patrie respective le mérite de l'invention. Une fois sur cette voie dangereuse, les esprits n'ont reculé devant aucune élucubration de fantaisie. C'est ainsi que deux anciens auteurs ecclésiastiques, Cyprien et Minutius Félix, ont avancé sérieusement que Saturne enseigna le premier en Italie l'art d'*imprimer les lettres : litteras imprimere et signare nummos ;* ce dont Pomponius Lœtus s'est servi pour *prouver* que l'imprimerie était née en Italie [1]. D'autres ont attribué l'invention de l'art typographique à Job ! à Charlemagne ! [2]. Il n'est pas jusqu'à Cicéron qui n'ait été mêlé aux débats, mais, il faut le dire, dans une mesure plus raisonnable,

[1] V. Daunou, *Analyse des opinions diverses sur l'origine de l'imprimerie ;* Paris an XI.

[2] V. tome II, p. 595-607 des *Monumenta typographica,* etc. Jo-Ch. Wolf ; Hambourg, 1740, in-4°.

et grâce au passage suivant du Livre II de son ouvrage sur la *Nature des Dieux* :

« XXXVII. — Ici ne dois-je pas m'étonner qu'il se trouve un homme qui se persuade que certains corps solides et invisibles se meuvent par leur propre force et leur poids, et que, de leur concours fortuit, s'est fait un monde si beau, si brillant ? Je ne vois vraiment pas pourquoi celui qui croit que cela a pu se faire, ne croirait pas aussi qu'en jetant ensemble un nombre prodigieux des vingt et un caractères de l'alphabet (qu'ils fussent d'or ou d'une autre matière), et en les répandant sur le sol, on en pourrait composer d'une manière lisible les annales d'Ennius ? Je doute pourtant que le hasard soit capable d'en faire jamais un seul vers [1]. »

On a rappelé aussi que Quintilien, le rhéteur, avait dit de son côté :

« ... Aussi les maîtres, quand ils jugent que les enfants ont assez retenu les lettres dans l'ordre où on a coutume de les écrire, se mettent-ils à intervertir et à bouleverser tout l'alphabet, jusqu'à ce qu'enfin leurs élèves parviennent à les reconnaître d'après leur forme, et non d'après leur ordre. Je ne blâme pas au surplus l'usage d'exciter le zèle des enfants en leur donnant pour jouets des lettres figurées en ivoire [2]. »

[1] V. Livre II de la *Nature des Dieux*, vol. XXX, p. 235 des *Œuvres complètes* de Cicéron, édit. Panckoucke, Paris 1830. — Ce passage a été commenté par Toland ; voir à ce sujet l'ouvrage cité de Wolf, tome II, p. 904-910.

[2] M. Fabii Quintiliani oratoriæ institutionis, Liv. I, Ch. I.

On a cité le fait suivant rapporté par Plutarque :

« Agésilas, voyant ses soldats découragés, écrivit secrètement dans le creux de sa main, et à rebours, le mot NIKH, *victoire ;* puis prenant du devin le foie de la victime, il y appliqua sa main ainsi inscrite en dessous, et la tenant appuyée le temps nécessaire, il parut plongé dans des méditations et inquiétudes, jusqu'à ce que les traits *des lettres eussent pris* et fussent imprimés sur le foie. Alors, le montrant à ceux qui allaient livrer bataille, il leur dit que par cette inscription les dieux leur présageaient la victoire, qu'ils remportèrent en effet (1). »

Enfin on a relevé ce passage dans saint Jérôme :

« ... Qu'on fasse pour cet enfant des lettres en bois ou en ivoire, qu'on les lui nomme de leurs noms pour que ce jeu lui devienne une instruction ; que l'ordre n'en soit point conservé, mais au contraire qu'il soit mêlé ; que les dernières lettres se trouvent confondues avec celles du milieu, celles-ci avec les premières, afin que ce ne soit pas seulement le son, mais encore la vue qui les lui fasse connaître (2). »

Ce n'est pas, hâtons-nous de le dire, qu'on ait voulu attribuer à Cicéron, à Quintilien, à Agésilas, ou à saint Jérôme, la découverte de l'imprimerie ; ceux qui ont cité les passages que nous venons de reproduire ont voulu simplement montrer que, dans la plus haute

(1) Plutarque ; *Apophthegmata, Lacon. Agésilas,* 77 ; cité par A.-Firmin Didot dans son *Essai sur la Typographie* et par J.-M. Herman Hammann dans son ouvrage intitulé : *Des Arts graphiques,* etc. ; Paris et Genève, 1857.

(2) S. Jérôme, *Epître à Lœta,* Liv. I, Ch. VII.

antiquité, s'étaient rencontrés les germes de l'idée qui, est restée tant de siècles avant d'éclore. Cette pensée n'a rien qui froisse la logique, et si nous nous en emparons, c'est pour marquer à notre tour l'étonnement bien naturel que fait naître dans l'esprit de tout homme réfléchi l'éclosion si tardive de l'art typographique. L'idée, nous le répétons, existait : n'est-on pas en droit de se demander comment il ne s'est pas trouvé, durant un temps si long, un chercheur qui ait eu la pensée de l'appliquer ? (1) Il en a été de l'art typographique comme de la plupart des grandes découvertes qui ont paru simples et naturelles, une fois connues, mais qui sont restées pendant des siècles ensevelies dans l'inconnu. Un jour, elles ont jailli tout à coup d'un cerveau bien avisé, ou — ce qui est le cas le plus fréquent — le hasard en a enrichi l'humanité. Et chacun alors de s'écrier : « comment a-t-on pu ignorer si longtemps une chose si simple ! » Encore une fois, il est inutile de chercher une explication à ce fait qui, de sa nature même, est inexplicable.

Nous avons dit que de nombreuses dissertations ont été publiées attribuant la découverte de l'imprimerie à divers inventeurs originaires de différents pays.

(1) D'Israeli, dans ses *Curiosities of Literature*, émet l'opinion que les Romains ont eu l'idée de la typographie, mais qu'ils ne voulurent pas de cette innovation. Ils devaient craindre, dit-il, une invention qui porte partout avec elle les idées de science et de liberté. Nous ne pensons pas que cette opinion puisse être appuyée sur un fait certain quelconque ; ce n'est qu'une appréciation hasardée.

Ces dissertations forment d'innombrables volumes; elles ont commencé à paraître à la fin du XVe siècle, et se sont multipliées dans le cours du siècle suivant. A tout prendre, et laissant de côté les prétentions dont le caractère fantaisiste ou l'évidente fausseté sont manifestes, l'obscurité qui subsiste encore sur bien des détails concernant l'origine de l'imprimerie n'a rien qui doive surprendre. La lumière est faite aujourd'hui en partie sur les principaux points; mais beaucoup d'incertitudes existent encore et existeront probablement toujours. Et pour s'en rendre compte, il n'est pas nécessaire de faire intervenir le sentiment d'ambition ou de vanité qui a poussé chaque pays à s'attribuer l'honneur de l'invention; il suffit d'examiner l'état réel des choses à l'époque où prit naissance l'art typographique proprement dit, c'est-à-dire vers le milieu du XVe siècle.

La gravure en creux ou en relief remonte à la plus haute antiquité; les monnaies peuvent être considérées comme offrant un des premiers spécimens perfectionnés de ce genre de gravure. Quelques auteurs ont même affirmé que les Romains avaient employé des caractères mobiles pour mouler leurs médailles. Les sujets gravés portèrent leurs inscriptions en lettres; de là à graver des planches ne contenant que des inscriptions en lettres, il n'y avait qu'un pas. Ce pas fut franchi, au bout d'un long temps, il est vrai; mais il est acquis aujourd'hui d'une manière certaine que les premiers essais d'imprimerie ont été faits au moyen de planches gravées en relief, et que les premiers *livres* — si l'on peut ainsi nommer ces feuilles imprimées comme le sont encore les étoffes — se composèrent de feuillets imprimés sur le recto seulement, et qu'on a nommés, à cause de cela, *anopisthographes*. On a retrouvé plusieurs spécimens de ces impressions primitives, qui ne remontent pas à une date bien éloignée de la moitié du xve siècle [1].

Quoi qu'il en soit, et bien que la Hollande réclame la priorité à cet égard, n'est-il pas admissible que ce genre d'impression, appelé xylographique ou tabellaire, ait pu prendre naissance dans plusieurs villes ou pays simultanément? Premier sujet de contestations.

Le texte gravé en relief sur la planche fit naître naturellement l'idée de découper les lettres, de les multiplier et de les assembler pour composer des mots

[1] On peut voir plusieurs de ces impressions tabellaires à la Bibliothèque nationale, à Paris, musée de la salle Mazarine. Nous avons reproduit dans l'*Origine de l'Imprimerie à Paris,* le fac-similé de deux feuillets anopisthographes de l'*Ars Moriendi,* imprimés à l'encre grise et au frotton. Cet *Ars Moriendi* est un volume petit in-4° de théologie morale, qui a joui d'un grand succès à la fin du moyen-âge ; c'est un dialogue entre Satan et un ange, au lit d'un mourant, et dans lequel sont débattus, à tour de rôle, les vices et les vertus. Cet ouvrage a eu un grand nombre d'éditions xylographiques ou tabellaires. L'édition in-4°, que nous avons reproduite, appartient à la Bibliothèque nationale et paraît être des plus anciennes ; Guichard la considère même comme la première. Ainsi que les autres éditions xylographiques, elle compte 24 feuillets anopisthographes : 11 pour les figures et 13 pour le texte comprenant la préface et l'explication placée en regard de chaque figure.

à l'infini : c'était le doute de Cicéron qui devenait enfin une réalité !

Les lettres en bois, peu solides pour les petits textes, faciles à se détériorer, devaient appeler les lettres en métal, plomb ou cuivre ([1]).

Telle fut sans doute la voie progressive que suivit l'art typographique, et c'est à ce sujet que les compétitions d'hommes, de villes, de pays se sont élevées en plus grand nombre. Mais nous n'écrivons pas ici l'histoire de l'invention de l'imprimerie ; nous voulons nous borner à en retracer à grands traits les phases principales, comme préface nécessaire au récit qui doit nous occuper spécialement. Nous n'entrerons donc pas dans de plus amples détails à ce propos.

Après une discussion longue, embrouillée, trois noms sont restés comme désignant les hommes à qui appartient la première part dans l'invention de la typo-

([1]) A ce propos, nous croyons devoir citer un fait peu connu ; le grand Mirabeau s'était occupé de l'histoire de l'art typographique. « Un recueil unique et d'un prix immense, consacré aux progrès de cet art libérateur, dit M. Auguste Dide (*Journal Officiel* du 29 mai 1880), figurait au premier rang des merveilles de la bibliothèque de Mirabeau. C'était un *recueil de calques ou dessins des titres et figures d'un grand nombre des plus anciens ouvrages, gravés en bois, ou imprimés en caractères mobiles, depuis l'origine de l'imprimerie,* pour servir à l'histoire de cet art et à la vérification de plusieurs anciennes éditions rares et recherchées. » Ce recueil précieux, que Mirabeau avait acheté à l'amateur qui l'avait formé, représentait vingt ans de recherches. M. Aug. Dide croit qu'il a été acquis par un Russe et qu'il est aujourd'hui à Saint-Pétersbourg.

graphie proprement dite : Gutenberg et Fust ([1]), de Mayence, et Schoiffher ([2]), de Gernsheim ([3]). Gutenberg occupe la première place ; on admet comme certain qu'il imprima d'abord au moyen de planches en bois gravées en relief, système xylographique, puis

([1]) C'est à tort que beaucoup d'auteurs ont écrit *Faust*.

([2]) La plupart des auteurs modernes n'ont pas écrit ainsi le nom de ce compagnon de Gutenberg, et ont adopté l'orthographe *Schœffer*. Ces auteurs pouvaient se croire autorisés à adopter cette orthographe, parce qu'elle semble en effet être plus conforme à la prononciation allemande, et aussi par ce motif que Schoiffher a été traduit en latin — suivant l'usage de l'époque — par Opilio, traduction du mot allemand *Schäfer*, *berger*, qui se prononce *Scheffer*. Mais l'illustre typographe a signé lui-même les volumes qu'il a imprimés après s'être séparé de Gutenberg, et il a écrit d'abord *Schoffer*, puis *Schoiffer* et enfin *Schoiffher*. C'est pour ce motif que nous pensons qu'il faut maintenir cette dernière orthographe.

([3]) Gernsheim dans l'ancien landgraviat de Darmstadt. Quelques auteurs, entre autres Maittaire, dans ses *Annales typographiques* (2. 11, p. 318 et 327), ont prétendu qu'il fallait lire *Gernserheim*, pour ce motif que les auteurs anciens trouvant le nom de la ville natale de Schoiffher écrit *Gern§heim*, n'auraient pas pris garde que le signe § signifiait *ser*. Ce qu'il y a de certain c'est que dans le premier volume qu'il a imprimé avec noms et date, le *Psautier* de 1457, Schoiffher a écrit *Gernszheim*, et dans les volumes qui ont suivi, *Gernsheim*, avec un signe à la lettre *s* pour remplacer le *z* probablement ; mais dans aucun on ne trouve le signe §. L'observation de Maittaire, répétée par d'autres auteurs, n'est donc pas fondée. Au reste, la ville de Gernsheim, dans l'ancien landgraviat de Darmstadt, a été de tout temps reconnue comme le lieu de naissance de Schoiffher, et c'est là qu'en 1837 on a élevé un monument au compagnon de Gutenberg.

avec des lettres mobiles en bois, enfin avec des caractères en métal, en collaboration avec Fust et Schoiffher; à ce dernier appartiendrait l'honneur d'avoir perfectionné le système de fonte des lettres en métal. Gutenberg fit ses premiers essais à Strasbourg ; mais ce fut à Mayence que les pères de la typographie exécutèrent leurs travaux sérieux ([1]).

Les essais, les tâtonnements auxquels durent se livrer ces immortels ouvriers de la pensée, expliquent à leur tour les obscurités de détails qui existent et existeront toujours au sujet de leurs premiers travaux. Eux-mêmes ont contribué à créer ces obscurités par le soin qu'ils ont mis et qu'ils devaient mettre à cacher tout

([1]) Il n'est pas sans intérêt de rappeler en quels termes Trithème, un écrivain presque contemporain de Gutenberg, parle de la découverte de l'imprimerie.

Voici comment il s'exprime :

« 1450. — Dans ce même temps, l'art d'imprimer les livres au moyen de caractères *(ars imprimendi et characterisandi* (sic) *libros)* a été découvert dans la ville de Mayence par un homme s'appelant Gutenberg qui, malgré la réalité de sa découverte, aurait dû renoncer à la perfectionner à cause des grandes difficultés qu'il rencontra, s'il n'avait été aidé par les conseils et l'appui d'hommes dévoués, Jean Fust et autres, grâce auxquels il put achever son œuvre. Le premier propagateur de cet art, après l'inventeur, fut Pierre Opilio *(a) (Schoiffher)*, de Gernsheim, qui imprima en son temps de nombreux volumes. Le dit Jean Gutenberg a habité une maison de Mayence dite *Zum Hungen*, laquelle jusqu'à ce jour a conservé une réputation comme berceau du nouvel art. » *Œuvres* de Trithème ; vol. in-folio. Francfort, 1601 ; page 366.

(a) Opilionis, nous l'avons dit plus haut, est la traduction latine de *schafer* qui signifie en allemand *berger*.

d'abord leur invention afin de n'être pas victimes d'une contrefaçon. C'est ainsi que Gutenberg fit ses premiers essais à Strasbourg, caché dans un couvent abandonné, et ensuite à Mayence dans un souterrain, à l'abri de tout œil indiscret, et après avoir fait jurer à son associé Fust de ne pas divulguer l'existence de sa presse ([1]).

Il faut ajouter que les créateurs de l'art typographique, peut-être pour mieux cacher leur invention, n'inscrivirent sur le premier livre qu'ils imprimèrent, *la Bible,* ni nom de lieu, ni date, et qu'ainsi cette circonstance a contribué à ouvrir un champ large aux revendications des uns et des autres ([2]).

Ce ne fut qu'après la rupture de l'association de Gutenberg et de Fust que ce dernier, resté associé avec Schoiffher, publia et souscrivit le premier livre portant noms et date, un *Psautier,* publié à Mayence en 1457.

Dès lors, plusieurs établissements typographiques furent créés dans les principales villes d'Europe, à Rome, à Strasbourg, à Cologne, à Venise entre autres. Le premier livre, imprimé dans notre langue, sortit des presses de Cologne, suppose-t-on, vers 1466 ; c'est le *Recueil des histoires de Troyes,* par Raoul Le Fèvre,

([1]) Voir à ce sujet les *Lettres d'un Bibliographe,* par M. Madden, Paris 1878, p. 64. Cet ouvrage est l'œuvre d'un chercheur érudit.

([2]) Il est à remarquer encore que plusieurs des premiers ateliers typographiques qui furent créés après celui de Gutenberg, ne signèrent ni ne datèrent aucunes de leurs premières éditions.

chapelain du duc de Bourgogne, Philippe-le-Bon; Paris n'avait pas encore une imprimerie !

Ce n'est point toutefois que la capitale de la France ait été sans recevoir quelques échantillons des premiers produits de l'art nouveau. Fust et Schoiffher avaient édité une bible en deux volumes in-folio qu'ils avaient achevée dans l'année 1462. Les deux associés ne pouvaient négliger d'ouvrir à leurs travaux un débouché aussi sûr que celui de Paris, alors le principal centre intellectuel de l'Europe; Fust y apporta lui-même la nouvelle édition de la Bible ([1]).

Walchius ([2]), cité par Chevillier ([3]), prétend que Fust la vendit 60 écus, puis 50, 40, et même à un plus bas prix; que les acheteurs l'admirèrent pour la netteté du caractère qu'ils attribuaient à un travail de copistes; mais que bientôt on s'aperçut que la main de ces derniers n'était pour rien dans ces *copies* exceptionnellement belles, et qu'il s'agissait d'un procédé, inconnu jusque-là, permettant de multiplier à l'infini les exemplaires.

A cette époque, et depuis longtemps, il y avait à Paris une légion de copistes qui se chargeaient de multiplier les manuscrits à l'usage des bibliothèques

([1]) Deux exemplaires, sur vélin, de cette Bible sont exposés dans la Galerie Mazarine de la Bibliothèque nationale, à Paris.

([2]) *Decas Fabularum Generis Humani*, Strasbourg, 1609, in-4°, p. 181.

([3]) *Origines de l'Imprimerie de Paris*, Paris, 1694; in-4°, p. 16.

des corporations et des particuliers. A côté d'eux, on comptait les *parcheminiers, relieurs* et *enlumineurs;* ces derniers illustraient les manuscrits et parfois étaient d'éminents artistes créant de vrais chefs-d'œuvre. Ceux qu'on nommait libraires, *librarii*, étaient : les écrivains à demeure fixe, nommés *stationarii*, et les libraires proprement dits chargés de la vente des manuscrits. Ceux-ci dépendaient de l'Université qui seule, d'après des ordonnances royales (1), avait le droit de les instituer et de fixer le prix des livres (2).

Les *librarii* et leurs congénères, au nombre de 6,000 environ au milieu du xve siècle, formaient une puissante corporation qui, après que Fust eût vendu quelques-unes de ses bibles, se sentit menacée dans ses intérêts par l'art nouveau qui venait se substituer au sien. Les *librarii* parisiens se répandirent en protestations, voire en injures contre Fust qui dut s'enfuir de Paris.

Son ancien associé et successeur, Schoiffher, vint à son tour à Paris pour y placer ses éditions nouvelles.

(1) Entre autres ordonnances, celle de Charles VI du 20 juin 1411.

(2) V. *Histoire de Paris,* par Félibien, tome II, p. 865. Le prix des livres était fixé par quatre libraires délégués à cet effet par l'Université ; le gain du vendeur ne devait pas dépasser 4 deniers par exemplaire vendu aux maîtres ou aux écoliers, et 6 deniers pour les autres acheteurs. Félibien cite la note suivante qui donne une idée des prix payés aux copistes et autres : « A Regnault Feulode, « escripvain, demeurant à Tours, 9 liv., 12 sols, 6 deniers « pour neuf cahiers de parchemin, et enlumineures d'un « livre de Rasis, relié et couvert de velours cramoisy. — « Novembre 1471. »

Il y apporta, en 1468, une édition de la *Somme (secunda secundæ)* de saint Thomas d'Aquin. On conserve dans les Archives nationales [1] une quittance sur parchemin datée du 20 juillet de cette année, constatant que Schoiffher a vendu un exemplaire de la *Somme,* de 258 feuillets, sur vélin, pour 15 écus d'or, au collège d'Autun à Paris ; à ce reçu est joint celui d'un relieur, nommé Duhamel, qui accuse réception, le 25 septembre suivant, de 44 sols parisis pour avoir enluminé et relié le volume.

Paris avait donc appris à connaître les produits étrangers de l'art typographique dès les premières années de la découverte de cet art. L'idée avait été semée, et elle ne pouvait tarder à germer dans les esprits.

Il devait cependant s'écouler encore neuf années avant que l'imprimerie fût installée dans la capitale de la France, grâce à l'initiative, non point de hauts personnages, mais simplement de deux modestes et savants professeurs de la Sorbonne : Guillaume Fichet et Jean Heynlin.

---

[1] Côté S. 6,346.

CHAPITRE VI

SOMMAIRE. — Jean Heynlin ou Lapierre. — Son origine ; ses études ; — Ses travaux. — Heynlin bibliophile. — Il se lie avec G. Fichet pendant son séjour à la Sorbonne. — Tous deux conçoivent et exécutent le projet d'installer un atelier typographique à Paris, dans les bâtiments de la Sorbonne.

Nous avons raconté, dans *l'Origine de l'imprimerie à Paris* (1), l'histoire de la fondation du premier atelier typographique établi en France par Jean Heynlin et Guillaume Fichet et étudié les premiers produits de cet atelier. Nous ne voulons point ici écrire de nouveau cette histoire, nous contentant de renvoyer à l'ouvrage cité ceux de nos lecteurs qui désireraient connaître les faits tels qu'ils se sont passés. Mais, dans cette étude consacrée à la vie et aux travaux de notre illustre compatriote, il nous paraît indispensable de dire ce que l'on sait de Jean Heynlin, son ami et collaborateur dévoué, afin de faire ressortir, avec toute la netteté

(1) Ouvrage cité.

désirable, la part qui revient à chacun d'eux dans la fondation de l'atelier de la Sorbonne [1].

Presque tous les biographes n'ont cité, jusqu'à ce jour, Heynlin que sous le nom de *Lapierre,* et voici pourquoi. Originaire d'une localité de langue allemande appelée *Stein*, soit en français *pierre,* Jean Heynlin joignit à son prénom, pour se désigner et suivant un usage de son temps, le nom du village où il était né; il s'appela *Johannes von Stein,* en français *Jean de la Pierre ;* on le trouve nommé en latin dans les registres de la Sorbonne, *Johannes Lapidanus, Lapideus, de Lapide*; d'où le nom de Lapierre qui lui a été donné.

Quant au lieu de naissance de Jean Heynlin, il n'était pas situé dans la Suisse allemande, ainsi que l'ont prétendu certains auteurs peu soucieux d'éclairer leurs doutes en recourant aux documents originaux, mais bien dans l'Allemagne proprement dite. M. le docteur Louis Sieber [2], le savant bibliothécaire de Bâle qui est une autorité en pareille matière, a constaté que dans un manuscrit existant à la Bibliothèque de Bâle [3]

[1] Nous devons reconnaître, en passant, qu'on leur a payé un juste tribut de souvenir dans la peinture murale exécutée par M. François Flameng pour la décoration du grand escalier de la nouvelle Sorbonne.

[2] Nous saisissons cette occasion d'adresser ici encore nos remercîments à M. Sieber qui nous a généreusement communiqué les renseignements que de laborieuses investigations lui ont fournis.

[3] La Bibliothèque de Bâle possède toute la collection de livres, de manuscrits ayant appartenu à J. Heynlin, collection précieuse que nous avons pu consulter grâce à l'obligeance de M. Sieber.

J. Heynlin se dit lui-même originaire du diocèse de Spire. Nos propres recherches ont confirmé ce point. En effet, en parcourant le *Registre original des prieurs de Sorbonne*, nous avons trouvé qu'ayant été nommé prieur le 25 mars 1468, et le 25 mars 1470 (nouveau style) Heynlin a intitulé ainsi ses procès-verbaux : *Prioratus Johanni de Lapide Alemani, diocesis Spirensis* (1).

Il était donc Allemand, et M. Sieber croit pouvoir assurer qu'il était né dans le village de *Stein*, situé non loin de Borzheim et de Bretten, dans le grand-duché de Bade. Cette opinion est corroborée par un document connu de tout temps et que les bibliographes ont négligé de consulter attentivement, à savoir une lettre de G. Fichet à J. Heynlin servant de préface à l'un des premiers volumes imprimés à Paris : le traité des *Devoirs* de Cicéron. A la fin de cette lettre, G. Fichet fait intervenir les souverains de Bade en s'adressant à Heynlin, un de leurs sujets, et lui disant : vos *très illustres et très bienveillants marquis de Bade*. Cette simple remarque aurait dû depuis longtemps mettre à néant toutes les conjectures hasardées sur l'origine de Jean Heynlin, dont un auteur bâlois, M. Vischer, fixe la naissance à l'année 1430 (2).

J. Heynlin fit ses premières études en Allemagne. Il était à l'Université de Leipzig en 1452, comme l'indique une note écrite de sa main à la fin d'un manuscrit

(1) V. le *Registre original des prieurs*, fol. 58 - 61 - 62.

(2) *Geschichte der Univesitat Basel;* Bâle 1860, p. 159.

conservé dans la Bibliothèque de Bâle : *in alma universitate studu Lypzensis in die proxima post scolastice Virginis. Anno incarnationis dominici 1452. Per me Johannes Heynlin de Lapide.*

J. Heynlin vint à Paris en 1458 ou 1459. En effet, une note tracée de sa main à la fin d'un manuscrit contenant la traduction latine du traité *De Anima*, d'Aristote, et conservé comme le précédent dans la Bibliothèque de Bâle, nous apprend qu'en 1459 il était déjà à Paris comme *régent* ès-arts dans le collège de Bourgogne. Ce ne fut que trois ans plus tard qu'il entra à la Sorbonne.

Le *Registre original des prieurs* fournit à ce sujet un renseignement précis. Ce recueil nous fait connaître, folio 46 au verso, que le jeune étudiant allemand se présenta pour être reçu dans le collège de Sorbonne, le 3 juin 1462, six mois après G. Fichet, en même temps que Guillaume Vilmont et Jean Senart ou Chenart. Tous trois furent admis à l'unanimité, moyennant la condition ordinaire des huit jours de délibération préalable. Le 10 juin, ils étaient acceptés par le prieur, mais *sans bourse*, et le 18 du même mois, ils étaient admis définitivement par les maîtres et les associés de la maison [1].

Malgré des recherches minutieuses, nous n'avons pu trouver la date précise à laquelle J. Heynlin prit son

[1] Le recueil intitulé *Historia Sorbonica* (ms. de la Bibl. de l'Arsenal, n° 1021) fixe l'admission de J. Heynlin en 1461 ; mais le *Registre original des prieurs* fait foi.

grade de licencié. Il est présumable que ce fut en 1463, un an après son admission, car à cette époque il quitta la France pour aller professer à l'Université de Bâle.

M. Vischer cite bien un *Johannes de Lapide* qui se trouvait à Fribourg-en-Brisgau au printemps 1463; mais il discute lui-même sur l'identité de ce *de Lapide* avec celui qui venait de Paris, et émet un doute à cet égard; et en effet, Jean Heynlin ne pouvait se trouver à Fribourg au *printemps* de 1463, car le *Registre original des prieurs* constate qu'il était encore à Paris le 21 juillet de cette année. Les procès-verbaux relatent qu'à cette date il demanda une chambre qui lui fut accordée.

En professant à l'université de Bâle, J. Heynlin défendit la doctrine des *réalistes* opposée à celle des *nominalistes :* querelles de philosophes oubliées de nos jours, mais qui alors préoccupaient fort les scholastiques. Les registres de l'Université bâloise constatent que J. Heynlin fut reçu, le 19 août 1464, maître ès-arts *in via antiqua*, c'est-à-dire suivant la doctrine des réalistes.

Soit qu'il finit par se fatiguer des disputes théologiques, soit qu'il fut pris d'un désir nostalgique de revoir Paris, J. Heynlin rentra dans la maison de Sorbonne où on le retrouve en 1467, ainsi qu'en fournit la preuve un acte authentique conservé dans la Bibliothèque de Bâle. Cet acte n'est autre qu'une patente de notaire public et de juge ordinaire, à lui délivrée par un certain Gérard *de Campo*, Duchamp ou Deschamps. L'acte a été certifié par Jacob Ottlet, notaire impérial, et dressé à Paris *in domo in qua pendet pro intersigno campana blavea, in vico sancti Jacobi; témoins:* Antoine Florence, *eduensis dyocesis in artibus magister* et Blanchet Piart, *teluacensis dyocesis*.

Gérard *de Campo* produisait des lettres patentes de l'empereur Frédéric l'autorisant à nommer des notaires, au nombre desquels on éprouve quelque étonnement à trouver notre savant sorboniste.

On peut supposer que ce Gérard *de Campo,* bourguignon ou savoisien de naissance, était le même aventurier qui avait demandé au pape l'autorisation d'organiser un corps de troupes pour la croisade et sous le titre de *Société de Jésus,* autorisation que le pape lui avait accordée sur la prière du cardinal Bessarion. La *Société de Jésus* ainsi créée n'eut point le succès qu'obtint la fameuse compagnie fondée par Loyola sous le même titre une soixantaine d'années plus tard : elle ne combattit jamais les infidèles et un nommé Lucas, envoyé par le pape pour savoir ce que faisait Gérard *de Campo,* trouva ce dernier en Savoie, où il avait fixé sa résidence, et découvrit que le prétendu défenseur de la foi chrétienne employait l'argent qu'il avait reçu à toute autre chose qu'à lever une armée de croisés [1].

J. Heynlin fut sans doute une des victimes de ce Gérard, et s'il conserva son titre de notaire, ce ne fut

[1] *Pii secundi pontifici Max. Commentarii,* par Gobellinus, soit Gobellini, secrétaire du pape Pie II, Rome 1584. Voir Livre X, p. 591 et suiv.

point dans l'intention de l'utiliser : il avait mieux à faire.

Le 25 mars 1468 (nouveau style) J. Heynlin fut élu prieur de la Sorbonne, distinction que lui valut sa réputation déjà bien établie dans la maison. Mais il ne conserva pas longtemps ce poste de confiance ; le *Registre original des prieurs* nous apprend que le 27 avril, soit un mois après son élection, il donna sa démission motivée par sa mauvaise vue ([1]). Il fut remplacé le 5 mai par Michel Petit (*M Parvus*) celui-là même qui avait déjà succédé à G. Fichet dans les mêmes fonctions, en 1466.

Les procès-verbaux du prieur J. Heynlin n'occupent que deux pages, le verso du folio 58 et le recto du folio 59 ; l'écriture en est très lisible, très nette ; ils portent la signature de leur auteur.

Dans la même année 1468, J. Heynlin remplit les hautes fonctions de recteur de l'Université de Paris, et ensuite celles plus modestes de bibliothécaire de Sorbonne. Enfin, le 25 mars 1470 (nouveau style), il fut élu prieur pour la seconde fois, en même temps que G. Fichet était réélu bibliothécaire, fonctions qu'il avait déjà exercées dans l'année écoulée, et qui lui furent continuées par exception.

([1]) *Proposuit prior in aula quom per magnum tempus passus fuisset infirmitatem oculorum ut singulis constabat quo ipse studio vacare non potuisset : quom etiam timeret quod in brevi se studio occupare non auderet secundum quod officium requireret, et ideo supplicavit, etc.* (*Reg. original des prieurs*, fol. 58).

Cette seconde fois comme la première, J. Heynlin a libellé l'entête de ses procès-verbaux dans les termes que nous avons reproduits plus haut, se disant du diocèse de Spire.

Il est à remarquer que J. Heynlin a compté le millésime de son second priorat suivant le style nouveau, c'est-à-dire l'année commençant le 1er janvier et non à Pâques ainsi que ses prédécesseurs l'avaient fait jusque-là, et comme lui-même l'avait pratiqué pour son premier priorat qu'il avait daté du 25 mars 1467 au lieu de 1468. En effet, Ziger, le prieur élu le 25 mars 1469 (nouveau style), avait écrit 25 mars 1468 (ancien style). J. Heynlin qui lui succéda, s'il avait voulu suivre la règle admise alors généralement en France, aurait dû écrire *25 mars 1469*, tandis qu'il a écrit 1470, ainsi qu'on vient de le voir. Et, chose singulière, tous les prieurs élus depuis lors, ont conservé ce mode de compter, et quelques-uns n'ont même pas pris la précaution de changer le millésime au 1er janvier qui a suivi leur élection ! C'est ainsi que Jean Royer, successeur de J. Heynlin, après avoir daté le commencement de son priorat du 25 mars 1471 (nouveau style) a compté le mois de janvier suivant dans l'année 1471 ! De telle sorte que si on n'y prend garde, on risque de s'embrouiller complètement dans l'ordre chronologique.

Nous croyons devoir relever ce fait pour montrer à quelle attention on est tenu en consultant les documents de cette époque.

En 1470, J. Heynlin ne donna pas sa démission comme en 1468 ; après avoir rempli ses fonctions de prieur pendant l'année réglementaire, il fut remplacé le 25 mars 1471 et élu, le même jour, bibliothécaire de la Sorbonne suivant l'usage qui réglait ainsi généralement le passage d'une charge à l'autre.

Il est probable qu'il conserva cette fois ses fonctions de prieur afin de fortifier sa situation dans la maison de Sorbonne, et de pouvoir protéger plus efficacement l'atelier typographique créé par lui et G. Fichet, atelier que nous verrons en pleine activité précisément à la fin de 1470. Le mauvais état de sa vue était le même qu'en 1468, car il obtint, le 14 avril 1470, quelques jours après son élection — ses procès-verbaux en font foi — de se faire suppléer par son confrère Chenart dans les lectures religieuses faites à haute voix ; mais le prétexte dont il s'était servi en 1468 pour motiver sa démission, devait disparaître devant l'avantage qu'il pouvait retirer de sa situation comme prieur pour mener à bien sa libérale entreprise.

Les procès-verbaux du second priorat de J. Heynlin occupent trois pages du Registre des prieurs, folios 61 à 62 inclusivement ; ils ne sont pas signés comme les premiers et ne mentionnent que de menus détails d'administration.

J. Heynlin prit le grade de docteur en théologie à Paris ; mais nous n'avons pu préciser la date où il franchit ce dernier échelon universitaire. Dans le manuscrit intitulé *Historia Sorbonica*, il est dit que

J. Heynlin fut reçu docteur en 1472; en tous cas, ce ne put être que vers le milieu ou la fin de cette année, car, G. Fichet, dans une lettre datée du 7 mars 1472 (nouveau style), ne lui donne que le titre de *licencié*; ce ne fut donc que postérieurement à cette date que J. Heynlin put être reçu docteur.

La science, la haute valeur intellectuelle de J. Heynlin lui avaient ainsi créé une situation distinguée dans la maison de Sorbonne. Trithème a fait de lui le plus brillant éloge. « Jean de Lapierre, dit cet auteur, était très érudit dans les Saintes Ecritures et la littérature séculière; il possédait un esprit fin et ingénieux; il était éloquent, brillant dans sa conversation et distingué de manières; parvenu au grade de maître de la faculté des arts de l'université de Paris, il passa plusieurs années dans cette faculté, enseignant l'étude des lettres sacrées, lisant et disputant avec une active persévérance; enfin il mérita le titre de docteur dans l'école de théologie. »

Trithème rappelle que J. Heynlin eut pour disciples le marquis de Bade, son compatriote, devenu évêque d'Utrecht, et Jean Reuchlin, le savant et célèbre latiniste allemand. Le même auteur dit que J. Heynlin composa un grand nombre d'ouvrages dont il ne cite que les suivants: *1° Introductorium grammaticæ.* — *2° Dialogus de arte punctaudi.* — *3° De propositionibus exponibilibus.* — *4° De arte soluendi sophisticas argumentationes.* — *5° Explanatio omnium librorum Logicæ Aristotelis.* — *6° Explanatio om-*

nium librorum Physicæ ejusdem. — *7° De his quæ ad dignum sacerdotem pertinenti.* — *8° Resolutorium dubiorum et periculorum circa Missam occurentium.* — *9° Summarium passionis Domini.* — *10° De ascensione Domini*, des sermons, discours et lettres ([1]).

Il faut citer aussi une dissertation, publiée dans les dernières années du XVe siècle par J. Heynlin, sur le fameux aérolithe, du poids de trois cents livres, tombé à Ensisheim le 7 novembre 1492, dissertation intitulée : *Conclusiones ant propositiones physicales.* M. Madden signale que le *Resolutorium dubiorum*, eut au moins vingt éditions pendant les neuf dernières années du XVe siècle, tandis qu'on n'en connaît guère qu'une seule des *Conclusiones,* que notre siècle imprimerait plutôt dix fois qu'une ([2]).

Mais il n'y avait pas seulement un savant chez le Sorboniste allemand, il y avait encore un bibliophile émérite. Nous savons par les *Chroniques de Bâle* ([3]), qu'il s'était formé une riche bibliothèque d'incunables, au nombre de DEUX CENT TRENTE-TROIS volumes, reliés et *soigneusement préparés*, et de

([1]) V. *Œuvres* de Trithème, *Catalogus illustrium virorum.* — In fol. publié à Francfort en 1605. Page 169.

([2]) M. Madden, *Lettres d'un Bibliographe.* Paris 1878.

([3]) *Basler chroniken*, etc. publié par la Société historique de Bâle ; 1er volume par M. Guillaume Virscher et Alfred Stern, avec la collaboration de M. Maurice Heine. Leipzig, S. Hirzel, 1872. — V. *Continuatio chronicorum Carthusiæ in Basilea minori*, etc., chap. II, page 231 et chap. IV, p. 342.

CINQUANTE autres volumes non reliés, le tout estimé mille écus d'or, dit le *Livre des Bienfaiteurs*. Les *Chroniques de Bâle* le représentent comme un bibliophile délicat, prenant un soin inouï de ses livres, et surtout n'oubliant jamais d'envoyer à la Chartreuse de Bâle un exemplaire des volumes à la publication desquels nous le verrons bientôt prêter son aide et ses lumières. Ce dernier fait explique comment la bibliothèque de Bâle possède aujourd'hui une riche collection d'incunables provenant, soit de la bibliothèque particulière de J. Heynlin, soit des dons faits par ce dernier : collection que met en ordre M. le docteur Sieber qui se propose d'en publier la description.

Guillaume Fichet professait pour Jean Heynlin une sincère admiration. Tous deux s'estimaient, obéissaient aux mêmes tendances littéraires, étaient animés d'un égal amour pour le beau dans les œuvres de l'esprit. Il est présumable que Heynlin communiqua à G. Fichet, dès le début de leurs relations, le goût des livres qu'il possédait, nous venons de le dire, à un haut degré. Ce goût s'était développé pendant un séjour qu'il fit à Mayence, avant de venir à Paris, et à une époque où l'imprimerie y était déjà installée (1).

(1) Suivant l'opinion de M. le docteur Sieber, Jean Heynlin aurait même été employé comme correcteur à Mayence dans l'atelier de Fust. Il n'y aurait là rien d'extraordinaire, car on tient pour certain aujourd'hui que les premiers ouvriers typographes allemands furent presque tous des étudiants qui, tout en suivant les cours universitaires, gagnaient de quoi subvenir à leurs besoins.

Là, il avait pu apprécier exactement la valeur des nouveaux procédés d'impression, et sans doute il en entretint plus d'une fois son ami G. Fichet pendant son premier séjour en Sorbonne.

Tandis qu'il vivait à Bâle, de 1463 à 1467, Heynlin ne manqua pas de s'occuper des progrès de l'art typographique ([1]). Il se mit en rapport avec des compositeurs, des ouvriers; et quand il fut revenu à Paris, il avait vraisemblablement déjà conçu le projet de faire profiter du nouveau moteur intellectuel la ville où il avait trouvé jadis et où il trouvait de nouveau une si complète hospitalité.

Guillaume Fichet fut bientôt pour Heynlin un collaborateur enthousiaste dans une réalisation de ce projet qui n'est, chose curieuse, mentionné nulle part dans ceux des documents de l'époque qui font partie des collections publiques de Paris. A quoi faut-il attribuer ce silence général? Est-ce à la crainte que pouvaient avoir nos deux docteurs de ne pas réussir dans leur entreprise? Ou ne serait-il pas dû plutôt à une opposition sourde, latente, faite dès le début à l'institution projetée?

([1]) M. Louis Sieber croit pouvoir prouver qu'un atelier typographique existait à Bâle dès 1460 environ. Bâle était déjà à cette époque un centre intellectuel important, et la nouvelle découverte, dont le berceau était une région peu éloignée, dut s'y implanter bien vite. Le premier volume qui soit sorti *daté* des presses bâloises est de 1473. Mais on sait qu'à l'origine de l'imprimerie la plupart des ateliers typographiques ne mirent aucune indication de lieu ni de date sur les volumes qu'ils éditèrent.

C'est entre 1468 et 1469 que Fichet et Heynlin obtinrent l'autorisation d'établir leur atelier typographique dans les bâtiments de la Sorbonne. Ce fut Heynlin qui, naturellement, se chargea de l'importante mission de se procurer des ouvriers typographes : il écrivit à Bâle, et sur son appel trois ouvriers arrivèrent à Paris.

Les noms de ces trois hommes resteront liés à ceux de Heynlin et de Fichet pour avoir accompli de concert une œuvre glorieuse : ces trois premiers prototypographes parisiens furent Ulrich Gering, Michel Friburger et Martin Crantz ou Kranz.

Jean Heynlin et Guillaume Fichet eurent une part égale dans l'organisation du premier atelier typographique parisien, chacun à un titre spécial. Si Heynlin se chargea surtout de la surveillance de l'œuvre matérielle, G. Fichet eut en partage la direction intellectuelle. Le premier mettait en ordre les manuscrits à reproduire, les corrigeait au besoin suivant les meilleures leçons. Le second donnait des conseils sur l'arrangement du texte ; il donnait surtout son appui moral. Il écrivit même un certain nombre de lettres-préfaces sur les volumes imprimés dans l'atelier, lettres qui prouvent irréfutablement l'importance de la part qui lui échut dans l'entreprise.

CHAPITRE VII

SOMMAIRE. — Les premiers ouvrages imprimés à Paris. — Les *Epistolæ* de Gasparino et leur lettre-préface. — Le *Salluste*. — Les *Orationes* de Bessarion. — But que voulait atteindre Fichet en envoyant des exemplaires des *Orationes* aux princes français et étrangers. — Entrevue du roi Louis XI et de Fichet. — La lettre à Bessarion.

L'*Origine de l'Imprimerie à Paris* contient la liste, complète croyons-nous, des volumes sortis de l'atelier de Sorbonne depuis 1470 jusqu'à 1472, année où l'atelier cessa son travail. Nous ne la reproduirons pas ici ; mais nous signalerons les volumes auxquels G. Fichet a laissé sa marque, en reproduisant quelques-unes de ses lettres-préfaces, toutes remarquables surtout par le style et les idées, et précieuses par les faits qu'elles nous font connaître.

Le premier volume imprimé en Sorbonne fut les *Epistolæ* de Gasparino, volume in-4° de 117 feuillets, sur lequel nos prototypographes eurent soin d'inscrire qu'il était le premier fruit de leur industrie : il se termine en effet par les quatre distiques suivants placés au bas de la dernière page :

Vt sol lumen ! sic doctrinam fundis in orbem
Musarum nutrix, regia parisius ;

Hinc prope diuinam, tu quã germania nouit
Artem scribendi ! suscipe promerita ;

Primos ecce libros ? quos hæc industria finxit
Francorum in terris, ædibus atq3 tuis ;

Michael, Vdalricus, Martinusq3 magistri
Hos impresserunt, ac facient alios ;

Voici la traduction de ces distiques :

« Comme le soleil répand la lumière, toi, ville royale de Paris, nourrice des muses, tu verses la science sur le monde.

« Reçois, toi qui en es digne, cet art d'écrire presque divin qu'inventa l'Allemagne.

« *Voici les premiers livres qu'a produits cette industrie sur la terre de France, et dans ta propre maison* (de Sorbonne).

« Les maîtres Michel, Ulrich et Martin les ont imprimés et se préparent à en imprimer d'autres. »

Mais pour bien marquer le commencement de la mise en œuvre de l'atelier de Sorbonne, Guillaume Fichet écrivit, à l'adresse de Heynlin, une lettre-préface dont voici la traduction (1) :

« Guillaume Fichet, docteur en théologie de Paris, à Jean de la Pierre, prieur de Sorbonne, salut.

« Vous m'avez envoyé, il y a quelque temps, les délicieuses *Epitres* de Gasparino de Bergame, que non

(1) Cette traduction a paru dans l'*Origine de l'Imprimerie à Paris*, pages 15 et suivantes.

seulement vous avez corrigées avec soin, mais que vous avez fait reproduire avec une remarquable netteté par vos imprimeurs allemands. Gasparino vous doit de la reconnaissance pour les nombreuses veilles que vous avez employées à rendre à son œuvre la perfection que des altérations lui avaient fait perdre. Tous les savants vous doivent une reconnaissance plus grande encore, à vous qui, non content de vous livrer à l'étude sérieuse des lettres sacrées (ce qui rentre dans votre domaine spécial), vous appliquez en même temps à rétablir les textes des auteurs latins dans toute leur pureté : cette œuvre sage est digne de vous, homme d'un mérite élevé et d'une science profonde ! De vous qui, après avoir dirigé les disputes de la Sorbonne d'une manière qui vous a valu des louanges et procuré de la gloire, répandez la lumière sur les lettres latines que l'ignorance, en notre temps, avait rejetées dans l'ombre et les ténèbres.

« Outre les plus graves et nombreuses mésaventures dont les lettres ont été frappées, il faut dire qu'elles semblent avoir été plongées presque dans la barbarie par suite des incorrections commises par les copistes ([1]). Aussi n'est-ce pas sans la plus grande satisfaction qu'on doit voir ce fléau s'éloigner de la cité parisienne grâce à votre sage prévoyance. En effet les imprimeurs (*librarii*) que vous avez fait venir de l'Allemagne dans cette ville, reproduisent correctement les livres d'après les manuscrits. Vous-même vous veillez avec une attention soutenue à ce qu'aucun ouvrage ne soit reproduit par eux avant que vous ne l'ayiez corrigé minutieusement en le

([1]) A Athènes et à Rome les auteurs les plus illustres se plaignaient déjà des incorrections des copistes : le mal n'était pas d'époque récente, et sa disparition est un des nombreux bienfaits de l'imprimerie.

collationnant avec le plus grand nombre de manuscrits possible.

« Aussi méritez-vous les éloges qu'on trouve dans Horatius Flaccus à l'adresse du critique Quinctilius ([1]), soit que vous ayez restitué à Gasparino sa suave éloquence, soit qu'après avoir inspiré le dégoût de la barbarie à la plupart des esprits distingués de cette cité, vous les abreuviez à une source d'éloquence plus douce que le miel et qu'ils recherchent chaque jour davantage.

« En vérité, je puis vous dire sans aucune flatterie ce qu'Aristote disait à Platon pour le louer : « Votre « demeure est le séjour de l'étude et de la science. » — Aimez-moi comme je vous aime.

« Ecrit à la hâte ([2]) en Sorbonne par Fichet. »

Nous avons tenu à reproduire entièrement cette lettre parce que notre savant docteur de Sorbonne y révèle clairement, sans même qu'il soit besoin de lire entre les lignes, les rôles que son éminent collègue et lui ont remplis dans la préparation de leur œuvre, et ceux qu'ils entendent se réserver respectivement dans l'exécution.

([1]) Crapelet, dans ses *Etudes pratiques et littéraires sur la Typographie*, fait observer avec raison que de La Caille a traduit faussement par *Quintilien* le nom de *Quintilio* qui se trouve dans la lettre de G. Fichet, et qu'il faut lire *Quinctilio*. Il ne s'agit pas du rhéteur Quintilien ; G. Fichet a voulu faire allusion à ce vers d'Horace :

Quinctilio si quid recitares : corrige, sodes
Hoc......

Dans l'ode XXIV de son Livre I, Horace donne des consolations à Virgile sur la mort de *Quinctilius* leur ami commun.

([2]) *Velocissima fichetea manu.*

C'est à Jean Heynlin que Fichet rapporte l'honneur d'avoir fait venir à Paris les imprimeurs allemands; c'est aussi à J. Heynlin qu'est dévolue la revision des textes sur les manuscrits qu'il débarrassera des altérations commises par les mauvais copistes. Lui, Fichet, sera le conseiller, l'appui de Heynlin; et celui-ci prouve cette association morale en soumettant son premier travail à l'appréciation et à l'approbation de son collègue. Il lui demande même cette lettre-préface pour placer son premier-né sous le parrainage du savant docteur, et afin de bien marquer la part commune que tous deux ont prise à la création de l'œuvre.

Le deuxième volume [1] imprimé en Sorbonne a été un *Salluste* contenant la *Conjuration de Catilina* et la *Guerre de Jugurtha*. Après les *Epistolæ* de Gasparino et le *Salluste*, prennent place un volume intitulé *Orationes* du cardinal Bessarion, et la *Rhétorique* de Fichet.

Nous avons parlé de la liaison qui s'établit entre Fichet et Bessarion. Le 13 décembre 1470, indépendamment de la lettre dans laquelle se trouvait exprimée en termes chaleureux toute l'admiration professée pour le docteur de Sorbonne par l'illustre cardinal, celui-ci lui en écrivait une autre, uniquement relative à l'opuscule des *Orationes*, composé par le prélat grec pour

[1] Cela résulte du texte de quatre distiques imprimés à la fin du volume, et dus à Erhard Windsberg, un des amis et compatriotes des prototypographes parisiens. — V. *Origine de l'Imprimerie à Paris*, p. 52 et suivantes.

encourager les souverains chrétiens à entreprendre une croisade contre les Turcs envahisseurs de Constantinople. Bessarion accompagnait sa lettre d'un exemplaire de ce travail qu'il confiait à un ecclésiastique en mission ([1]), chargé de remettre le tout à G. Fichet.

Il y prêchait la croisade autant dans un intérêt politique que dans un but religieux. Déjà il avait tenté d'exciter les Italiens à la *Guerre Sainte*, mais sans grand profit pour sa cause. Et cependant les Turcs marchaient de conquêtes en conquêtes. Sous le pape Pie II, Bessarion avait pensé atteindre son but ; mais la mort de ce pape, survenue en 1464, avait arrêté tous ses projets. Sous le somptueux Paul II, il n'avait tout d'abord rien pu obtenir, bien que ce pape fût très-effrayé des progrès et des déprédations des Musulmans. Tous ces insuccès n'avaient pas découragé Bessarion, et c'est en pleine lutte contre la mauvaise volonté des uns et des autres, qu'il s'adressa à G. Fichet pour l'associer à ses efforts.

On comprend que, dans ces circonstances, le cardinal ait voulu intéresser à la cause dont il avait pris la défense, un homme tel que Fichet qui, par sa haute situation dans le monde lettré de Paris et sa réputation dans la société religieuse alors toute puissante en France, pouvait l'aider mieux qu'aucun autre dans la tâche qu'il avait entreprise.

([1]) V. n° III de la 2me partie du *Recueil* des lettres, mss. de Fichet et de Bessarion. Bibliothèque Nationale, *Réserve Z.*

G. Fichet n'hésita pas à accepter de jouer le rôle d'une sorte de *Pierre l'Ermite* dans l'Europe occidentale, joignant ainsi ses efforts à ceux de Bessarion en Italie. On découvre plusieurs preuves de cette action commune dans la correspondance des deux personnages, à dater de la fin de 1470. Ce n'est pas toutefois qu'il soit possible de retrouver entièrement la combinaison de leurs faits et gestes dans cette correspondance sans doute incomplète, dans ces lettres classées un peu au hasard, sans ordre de dates certain. Ajoutons qu'à l'époque où avait lieu ce commerce épistolaire, les lettres ne s'échangeaient pas facilement et se transmettaient le plus souvent par des messagers d'occasion, comme on peut le constater d'après plusieurs des missives de Bessarion et de Fichet; et alors quel intervalle devait séparer la demande de la réponse ! De cet état de choses peuvent naître de nombreux doutes, principalement sur les dates des lettres quand l'auteur n'a pas pris le soin d'énoncer ces dates complètement ; de là souvent des erreurs si on cherche à lever ces doutes trop arbitrairement.

Néanmoins, en se bornant à rechercher simplement les faits généraux, les lettres conservées par Fichet sont suffisantes pour nous éclairer sur le rôle actif qu'il joua dans la campagne entreprise par Bessarion.

Le cardinal envoya donc ses *Orationes* à notre docteur de Sorbonne, en les accompagnant de l'intéressante lettre dont nous donnons la traduction :

« Bessarion, évêque de Sabine, cardinal de Nicée, patriarche de Constantinople, à son très cher ami le révérend et très savant maître Guillaume Fichet, professeur de théologie au collège de Sorbonne ;

« Je sais que vous vous êtes appliqué non seulement à l'étude de la philosophie et des lettres sacrées, mais aussi à celle de l'éloquence, et que depuis longtemps vous êtes versé dans l'art du bien dire qui a fait l'objet de vos études favorites. Bien que je ne puisse rien vous offrir dans ces matières qui soit à même de vous intéresser beaucoup, cependant, je prends le parti de vous envoyer des discours *(orationes)* que je viens de composer au sujet des dangers qui menacent l'Italie et tous les chrétiens: je vous les envoie, à la vérité, moins pour que vous y recherchiez soit la pureté du style, soit la force et la supériorité du discours, que pour vous signaler les malheurs innombrables qui menacent le monde chrétien dans la vie et la fortune de ses enfants, et vous engager à exposer, à bien faire comprendre cette situation au roi et aux autres personnages qui doivent ou peuvent y porter remède. Cela est plus ennuyeux que difficile à faire ; vous n'avez qu'à évoquer l'image de l'Italie non pas simplement exposée à des fléaux ordinaires, mais près d'être ravagée par de formidables incendies. Le roi et les puissants doivent prendre une décision afin que ce triste spectacle ne nous soit pas donné : ils doivent soutenir non seulement la cause de tous les royaumes dont l'existence est indistinctement en jeu, mais aussi celle de Dieu immortel dont la très-sainte religion est persécutée et trahie, ils le doivent pour sauver de la ruine tous les chrétiens.

« Adieu. Rome 13 décembre 1470. »

Telle était la lettre pressante quoique laconique qui accompagnait l'opuscule envoyé à G. Fichet qui la reçut vraisemblablement dans le courant de janvier 1471.

La première préoccupation de G. Fichet fut de faire imprimer par l'atelier typographique de la Sorbonne l'appel à la croisade du prélat romain. Son dessein était d'en distribuer gratuitement un certain nombre d'exemplaires aux rois et aux princes français et étrangers, ainsi qu'aux membres les plus influents du clergé. Quoi de plus naturel, et surtout de plus tentant pour Fichet, dans cette occasion, que de se servir du nouvel art comme instrument de propagande, et de lui faire faire son coup d'essai dans la capitale de la France ?

Lorsque l'opuscule de Bessarion fut imprimé, Fichet le distribua comme il l'avait projeté, et accompagna chaque exemplaire d'une lettre manuscrite à l'adresse du destinataire. Quelques-unes de ces lettres ont été conservées en copies par leur auteur : elles forment la première partie du *Recueil* manuscrit, et sont au nombre de seize.

Toutes témoignent de l'ardeur avec laquelle Fichet s'était fait le champion de la cause défendue par Bessarion, exhortant chaudement les princes européens (car il s'adressa à tous les souverains) à mettre fin à leurs discordes intestines pour courir sus aux Turcs, suppliant les hauts dignitaires de l'Eglise et les chefs de corporations religieuses d'user de leur influence pour pousser les hommes d'armes à la guerre sainte.

De l'examen de la correspondance de G. Fichet il résulte que les *Orationes* ont été imprimées avant le 21 mars 1471, et distribuées dès le commencement de ce mois.

La lettre de G. Fichet, du 21 mars 1471, contient plus d'une preuve de ce point essentiel. Par cette lettre, il faisait connaître au cardinal Bessarion que, fidèle exécuteur des ordres reçus, il avait demandé une audience à Louis XI pour lui exposer les plans de la croisade désirée ; audience qu'il avait obtenue et dont il voulait rendre compte (1). Ce récit est trop intéressant à tous les points de vue, pour que nous n'en reproduisions pas les principaux passages.

La cour était alors au château d'Amboise, près de

(1) Cette lettre est la première du *Recueil* dans laquelle G. Fichet ait mis Bessarion au courant des résolutions qu'il avait prises pour le soutenir dans sa tentative; cependant il lui en écrivit, comme on le verra, deux autres, le 6 et le 13 mars, dont il n'a pas conservé les copies. Le 21 mars 1471 (Bessarion datait ses lettres en comptant le millésime suivant le style moderne), c'est-à-dire le même jour où G. Fichet écrivait de Tours, le cardinal lui adressait de Rome une nouvelle lettre dans laquelle il lui demandait des nouvelles des *Orationes* qu'il lui avait envoyées le 13 décembre 1470 (v. *Recueil,* IIe partie, lettre IV). Ajoutons, comme détail curieux, que Bessarion ne semble pas avoir reçu en son temps la lettre du 21 mars de G. Fichet, ni celles du 6 et du 13, car dans une autre qu'il écrivit à ce dernier le 31 août suivant, il lui dit que c'est par un secrétaire de la légation française à Rome qu'il avait appris l'impression des *Orationes* (v. *Recueil,* IIe p., lettre V). Transmises par des commissionnaires, les lettres alors s'égaraient souvent.

Tours. C'est là que Fichet se rendit : mais laissons-lui la parole :

« Très Révérend Père, je vous ai écrit le 6 mars, en arrivant près de la demeure royale, et le 13 mars, alors que les courriers, dans leur hâte, m'ont pour ainsi dire arraché une lettre dont l'encre était à peine séchée. Aujourd'hui, 21 mars, un courrier se présente heureusement, et je vous écris encore, maintenant que je suis un peu tranquille sur les bords de la Loire, dans les murs du château d'Amboise.

« Je vais retourner dans notre école de Paris après avoir plaidé, auprès du roi et des seigneurs de la cour, la cause de la foi, mission dont vous m'aviez chargé depuis longtemps. J'ai remis au roi sérénissime vos *Orationes* que j'avais fait décorer le mieux possible. J'ai parlé en quelques mots, soit de la nécessité dans laquelle se trouvaient les princes chrétiens de maintenir la paix entre eux, soit de l'urgence de faire la guerre aux ennemis de la Croix ; je n'ai rien omis de ce qu'il fallait dire au roi en votre nom. Il a pris d'un air gracieux votre livre, et il a lu pendant un instant la petite préface que j'ai mise en tête de votre travail. Ensuite, parcourant les feuillets, il a examiné attentivement les ornements et les enluminures dont les marges étaient remplies. Puis il lut vos petits commentaires qui étaient écrits en lettres d'or ou de couleurs variées. Tout en lisant, il m'adressa quelques courtes questions auxquelles je répondis sans hésitation. Enfin étant revenu au commencement du livre, il lut trois ou quatre fois le distique suivant qu'il vit écrit au bas de sa royale image : *Roi, recevez de Bessarion ce présent qui vous sera d'un heureux augure pour vos entreprises à l'étranger et à l'intérieur.* Son secrétaire, qui était présent, reçut de ses mains le livre pour en prendre soin. Puis il m'adressa des remerciements pour le don de votre ouvrage.

« A la vérité, le roi n'a pas dit un seul mot de la paix intérieure ni de la nécessité d'une guerre à l'étranger. Aussi je n'ai pas remis ni fait remettre par personne à sa royale majesté la lettre que vous lui avez écrite il y a quelque temps en faveur de la cause de la foi, et que vous m'aviez confiée. Voici pourquoi j'ai agi de la sorte. Le roi, dont l'esprit est léger, ne manque pas de gens autour de lui qui lui représenteraient comme entrepris par ambition les travaux de mes semblables. C'est pourquoi je n'ai pas voulu qu'il fût possible de m'accuser publiquement, mort ou vif, d'avoir commis le moindre mal de ce genre. Ce n'est pas que je néglige les recommandations de Bessarion, mais je désire qu'on ne puisse voir achetée la faveur de personne sous prétexte de piété et de religion, comme aussi je désire qu'on vous rende services pour services.

« Non seulement j'ai distribué, donné gratuitement, pour la cause dont la défense m'a été confiée, quarante-six des opuscules contenant vos *Discours*, un peu dans toute la France et l'Allemagne, mais en outre j'ai pris soin que chacun de mes frères en religion placés à la tête des ministères provinciaux, à qui j'avais offert un exemplaire, reçût une lettre respectueusement renfermée dans une petite bourse et par laquelle je l'engageais à intéresser à la bonne cause ses frères et sœurs de sa province, ce que je place au-dessus des richesses de tous les royaumes. »

Fichet explique ensuite que pour intéresser les Français à la piété et à la religion, il faut se garder de leur faire supposer qu'on agit par cupidité ou pour se plaindre personnellement. Et il ajoute :

« Il le faut d'autant mieux que la plupart des légats que nous a envoyés le Saint-Siège, se sont fait remarquer surtout par leur cupidité et leur ambition. »

Il excepte toutefois le cardinal de Sainte-Croix ([1]) qui a captivé, dit-il, les Français par son désintéressement. Comme conséquence de ces considérations, G. Fichet espère que le cardinal l'approuvera de n'avoir pas remis sa lettre au roi et de s'être borné à offrir les *Discours ;* il poursuit ainsi :

« Voici ce que j'ai fait encore : non seulement j'ai, autant qu'il m'a été possible, soit en langue latine soit en langage vulgaire (suivant que le demandait la culture d'esprit de mon auditeur), j'ai fortement engagé les personnages passant pour avoir le plus d'autorité auprès du roi, à bien se rendre compte de la nécessité de la paix intérieure et de l'urgence de la guerre à l'étranger *(contre les Turcs) ;* bien plus, j'ai offert et donné à chacun votre ouvrage. Aucun ne m'a répondu qu'il n'était pas désireux de se rendre compte de la situation ; il s'est trouvé aussi des militaires qui se sont montrés disposés à marcher contre les Turcs. J'ai insisté fortement et assez adroitement auprès de l'évêque d'Avranches ([2]), peu studieux et peu actif de sa nature et qui est confesseur du roi, pour qu'il poussât ce dernier dans cette voie ; j'ai agi de même auprès de l'archevêque de Tours ([3]),

([1]) G. Fichet veut probablement parler de Dominique Capranica, cardinal de *Sainte-Croix de Jérusalem,* qui reçut plusieurs missions du pape et mourut en 1458.

([2]) Jean VII, Bouchard, 1453-1484. (Note de l'auteur.)

([3]) Elie, cardinal de Bourdeilles, 1468-1484. (Note de l'auteur.)

et tous deux croient très fermement qu'une décision serait possible si vous veniez vous-même ici. Ils désirent d'autant plus votre arrivée, qu'ils espèrent qu'elle réussirait à éteindre complètement les bruits d'une guerre possible entre les nôtres, bruits que je vous ai signalés dans la lettre que je vous ai envoyée par le frère Marianus. Les habitants des villes parlent sans cesse de toutes leurs espérances de paix ; il y a un échange journalier de parlementaires [1]. »

La fin de la lettre contient un assez long développement des motifs qui engagent G. Fichet à presser énergiquement le cardinal de venir en légation en France, et dans l'intérêt de la pacification de ce pays, et dans l'intérêt de la chrétienté. Cette lettre est intéressante sous plus d'un rapport ; elle jette quelque lumière sur la physionomie politique du moment ; et de plus, elle éclaire quelques points, douteux jusqu'à présent, de la question bibliographique que nous n'avons pas à traiter ici [2].

---

(1) G. Fichet fait ici allusion au différend existant entre Louis XI et Charles le Téméraire, différend qui prit fin par une trêve signée le 4 avril 1471.

(2) V. à ce sujet *Origine de l'Imprimerie à Paris*, p. 58.

CHAPITRE VIII

SOMMAIRE. — Le *Traité de Rhétorique* de G. Fichet. — Epoque de son impression. — Il est dédié à Bessarion et à Charles de Bourbon, archevêque de Lyon ; lettres-dédicaces. — Eloge de G. Fichet par son disciple R. Gaguin.

Le *Traité de Rhétorique* de Guillaume Fichet est la première œuvre originale qui soit sortie des presses parisiennes. Il résumait les cours professés à la Sorbonne par notre savant compatriote, cours dont il existait de nombreux exemplaires manuscrits, et généralement défectueux, comme tous les manuscrits. « On « avait répandu, dit Crapelet (1), des copies des leçons « de G. Fichet; mais elles étaient incorrectes et « inexactes, comme presque toutes celles que faisaient « les scribes à cette époque. G. Fichet profita bientôt « du nouveau moyen qu'il avait sous la main pour « répandre son ouvrage et lui donner, par la cor- « rection, tout l'avantage qui manquait aux manus- « crits. »

(1) *Etudes pratiques et littéraires sur la Typographie*, in-8° ; Paris 1837. V. tome I (le seul paru) page 7.

Comme il avait fait des *Orationes* de Bessarion, G. Fichet distribua des exemplaires de son *Traité* aux personnages les plus marquants, et à chacun de ces destinataires il adressa une lettre d'envoi.

Quelques-unes de ces lettres nous ont été conservées au moyen de tirages à part ou de copies manuscrites, avec lesquels on a formé un petit recueil de dix-huit feuillets numérotés à la main, relié en maroquin bleu, doré sur tranches, et portant le cachet de la Sorbonne; il se trouve aujourd'hui à la Bibliothèque nationale [1].

Plusieurs auteurs anciens ont pris ce recueil *factice* pour un recueil de pièces originales; Chevillier est le premier, croyons-nous, qui lui ait reconnu son véritable caractère. Il doit avoir été formé par G. Fichet lui-même qui l'a corrigé en plusieurs passages.

Il contient huit lettres; cinq imprimées et trois manuscrites. La première, adressée à Bessarion, ne porte que le millésime **1471**; deux ne sont pas datées; les dates des cinq autres s'échelonnent du 1er juillet au 31 août **1471**.

Il existe aussi, à la Bibliothèque nationale, un fragment d'une lettre d'envoi de la *Rhétorique*, imprimé sur vélin [2]. Il est composé de trois feuillets; les premiers manquant, on ignore à qui la lettre était adressée; mais on lit, à la fin, la date du 22 septembre **1471**, et un distique adressé par Fichet à un haut personnage auquel il donne le titre de *princeps*.

[1] V. *Réserve* Z, 623.

[2] Vélins, n° 2,021.

Les dates de ces lettres ne suffisent évidemment pas à fixer la date de l'impression de la *Rhétorique;* mais fort heureusement cette détermination peut être établie aussi exactement que possible grâce à une autre lettre d'envoi qui a échappé jusqu'ici à un examen sérieux et complet de la part des bibliographes. Quelques-uns l'ont citée, mais sans lui reconnaître le caractère spécial dont nous allons voir ressortir l'importance.

En homme intelligent qui comprend son époque, G. Fichet ne négligeait point de placer ses travaux sous le patronage des plus hauts dignitaires de l'église française ; et si nous l'avons entendu dire qu'il refusa les présents des rois, il a marqué tout aussi nettement qu'il acceptait tout de ses pairs et de ses supérieurs ecclésiastiques. Et parmi ceux-ci, après Bessarion, Rolin et Chartier, ses bienfaiteurs, il faut placer au premier rang l'archevêque de Lyon, Charles de Bourbon, prince de l'Eglise et prince de France, ce dernier titre ne nuisant en rien au premier.

G. Fichet avait choisi Bessarion et l'archevêque de Lyon pour être les parrains de son travail; ce qui le prouve, c'est qu'il fit ajouter ensuite à plusieurs exemplaires et avant la préface, la lettre adressée à chacun d'eux, tantôt imprimée, tantôt manuscrite.

Deux des exemplaires de la Bibliothèque nationale contiennent ces lettres : dans l'un, elles sont imprimées, et c'est précisément celui qui appartenait à Charles de Bourbon lui-même ; dans l'autre, elles sont manuscrites. Ces lettres existaient aussi, mais manuscrites [1], dans un exemplaire provenant de la Sorbonne même, et qui, après avoir passé dans les collections de Gaignat et de La Vallière, fut acheté par la Bibliothèque impériale de Vienne, où il est aujourd'hui, mais sans les deux lettres, enlevées probablement par un coupable amateur.

Or la lettre adressée à Bessarion porte le millésime **1471** [2] : *Ædibus Sorbonæ parisii, scriptum impressumque* [3], *anno uno et septuagesimo quadringentesimoque supra millesimum.* Celle adressée à l'archevêque de Lyon ne porte pas de millésime, mais elle contient cette phrase importante : *Parisii scriptum ædibus Sorbonæ* PRIDIE KALENDAS APRILES ; c'est-à-dire : *Ecrit à Paris en Sorbonne* LE **31** MARS.

On connaît donc trois exemplaires, dont l'un, ayant appartenu à l'archevêque de Lyon, et les deux autres ayant été conservés dans la Bibliothèque de la Sorbonne, qui nous donnent, soit imprimée, soit manuscrite, la date du 31 mars dans une lettre, du millésime **1471** dans l'autre ; ces dates n'ont été ni imprimées après coup, ni écrites à plaisir, sur des ouvrages qui ne sont pas restés dans le même lieu ; elles expriment une

(1) Le fait est signalé par le *Catalogue* de Gaignat et par Van Praet.

(2) C'est la première du Recueil factice que nous venons de signaler.

(3) Le mot *impressumque* ne figure que sur l'exemplaire ayant appartenu à Charles de Bourbon, et sur celui dédié à Bessarion et que possède la Bibliothèque de Venise.

vérité chronologique absolue; c'est que la *Rhétorique* de G. Fichet était déjà imprimée le 31 mars 1471.

L'intervalle de trois mois qui sépare la lettre du 31 mars de celles du Recueil factice n'est pas une objection à ce qui précède. Il s'est passé pour la *Rhétorique* le même fait que pour les *Orationes* qui, imprimées avant le 21 mars, étaient distribuées pendant les mois suivants et même en 1472. En outre, il faut tenir compte du temps nécessaire au travail d'enluminures, exécuté le plus souvent par le même artiste et avant la reliure, des exemplaires offerts aux personnages marquants.

La lettre-dédicace de G. Fichet au cardinal Bessarion n'a pas encore été, que nous sachions, publiée en traduction; nous la donnons ici (1) :

« Si, très-éminent Père, je vous exprime ma reconnaissance après un long retard, et d'une manière qui eût pu être plus digne de vous, il faut attribuer l'un aux troubles de ce temps de guerre, et l'autre à la pauvreté de mon faible esprit. Car aussitôt que l'abbé de Saint-Corneille, m'eut fait parvenir votre lettre et le paquet de livres, toutes les routes furent interceptées par des bandes de soldats farouches (2). Cependant en

(1) Cette lettre se trouve manuscrite dans le *Recueil* des lettres de G. Fichet et de Bessarion (2e partie, lettre VIII), mais avec quelques variantes.

(2) G. Fichet fait allusion aux troubles du commencement de l'année 1471, dont il avait parlé déjà à propos de son entrevue avec Louis XI, à Tours (voir le chap. précédent.) Ces troubles étaient près de finir au moment où G. Fichet écrivait la dédicace de sa *Rhétorique*.

relisant une fois de plus les commentaires des traités de rhétorique (il serait plus vrai de dire les simples extraits) que je vous envoie aujourd'hui en mon nom, j'ai racheté mon double tort. Je ne dis point cela pour prendre avantage sur vous, ni prétendre que mon offrande soit à la hauteur de vos bienfaits, mais pour vous présenter enfin un gage de mon affection et de ma respectueuse considération.

« Votre humble protégé n'a en effet rien de plus somptueux à vous offrir, même tardivement ; et ce fruit d'un travail pénible, il n'osait même pas le soumettre sans crainte à votre haute appréciation. Mais comme il fallait, dans l'un et l'autre cas, s'exposer ou à subir la peine de son audace ou, surtout, à encourir le reproche d'ingratitude envers vous, j'ai préféré commettre la faute qui, chez les Perses, était très-sévèrement punie par les lois.

« Mais un homme peut-il être assez dénué de sentiments humains pour ne point pardonner facilement à celui qui s'égare par l'amour de la vérité, de la vérité dont personne (sauf peut-être un Dieu) n'a pu découvrir une parcelle sans avoir fait plus d'une chute dans le sentier rude et tortueux qui y conduit ?

« Or, ce qui m'a encouragé à écrire et à vous envoyer ma modeste *Rhétorique*, c'est mon amour pour l'éloquence que je voyais avec étonnement et tristesse ignorée jusqu'à présent des Français. Car la discussion philosophique, qui traite des mœurs, ou de la nature des choses, ou des saintes Ecritures, et qui ne sort pas du style simple, commun à la plupart des narrations, je l'ai connue et je la connais comme tous les autres. Mais quant à l'art de bien dire, aucun de nous, jusqu'à ce jour, ne s'est appliqué, je ne dis pas à l'employer dans ses œuvres, mais même à l'étudier avec intérêt.

« J'espère donc non-seulement trouver grâce, mais encore obtenir de nombreux remerciements pour avoir, dans la mesure de mes forces, ouvert une route inconnue à mes concitoyens, une voie qui, d'après le jugement de beaucoup d'entre eux même, est hérissée de broussailles, de ronces et d'écueils. Si je me suis trompé en quelque point, le lecteur ne s'en prendra pas au rhéteur, pour avoir mal rempli sa tâche, et il pardonnera très volontiers au théologien qui, séduit par le charme d'une étude nouvelle et prenant en pitié la pauvreté de sa langue natale, à entrepris trop inconsidérément cette besogne, mais qui surtout n'a pas en même temps cessé de se vouer à l'enseignement des lettres sacrées.

« Quel que soit le jugement d'autrui, je le tiens moi-même pour moins sûr qu'incertain. Mais quant à vous, je sais à quoi m'en tenir sur les encouragements donnés à ma bonne volonté, et sur votre bienveillance particulière. Je sais pertinemment qu'en lisant mon ouvrage, vous jugerez de mes fautes, quelles qu'elles soient, avec moins de sévérité que de bonté, en considération de ma confiance et de mon dévouement. — Adieu, source et maître de toutes les sciences !

« Ecrit et imprimé à Paris, en Sorbonne, en 1471. »

Voici, maintenant, la traduction de la lettre adressée à Charles de Bourbon :

« Je n'ignore pas, très illustre Père, en quelle haute estime vous et vos sérénissimes Frères tenez le cardinal de Nicée et patriarche de Constantinople, Bessarion ; et je sais aussi de quelle affection celui-ci est depuis longtemps animé pour votre Auguste famille. C'est pourquoi, moi qui suis l'humble serviteur de Bessarion, je veux témoigner aussi de mon respect pour votre Grandeur et pour vos nobles frères [1]. Et tout d'abord, je veux le témoigner par l'envoi de ce petit présent (*munusculo*) d'un travail dont j'ai puisé les principes à la source féconde du génie grec et du génie latin, travail que non seulement j'ai dédié à Bessarion, mais que je le lui ai envoyé récemment à Rome. Puissent mes commentaires sur l'art de bien dire, que je vous offre, être vus favorablement par vous ; puissiez-vous les juger dignes de votre lecture assidue : cela vous sera d'autant plus agréable, que vous y trouverez souvent rappelé le nom de votre très cher ami Bessarion, le plus savant des Grecs. — Je vous salue. — Ecrit à Paris, en Sorbonne, la veille des Kalendes d'avril [2]. »

Le *Traité de Rhétorique* se compose de trois livres [3], dont voici les titres :

I. *De quinque rhétoricis elemētis artem extrinsecus comprehent dentibus omnem.*

II. *De speciali inventione, suaque dispositione.*

III. *De elocutione, memoria et prononciatione.*

C'est avec raison que G. Fichet dit, dans sa lettre à Bessarion, que son traité est composé de simples notes prises chez les maîtres en l'art oratoire ; l'auteur, en effet, ne s'est point livré à des dissertations sur les règles ou les préceptes de ces maîtres ; il s'est borné à

(1) L'archevêque Charles de Bourbon était le troisième des onze enfants de Charles Ier de Bourbon.

(2) 31 mars.

(3) Van Praet s'est trompé en indiquant la *Rhétorique* de Fichet sous ce titre : *Guillermi Ficheti Rhetoricorum Libri V ;* il a probablement confondu le titre du premier Livre avec le titre général de l'ouvrage.

donner des définitions assez nettes et précises, mais très multipliées. « Ces règles, dit Gibert [1], sont exprimées en style simple et didactique, chargées d'un grand détail sur les figures et les lieux de rhétorique, accompagnées d'une explication très raisonnable du nombre et de l'harmonie du Discours selon les principes de Cicéron, et généralement de tout ce qui appartient à l'Art oratoire, avec des preuves certaines que l'auteur entendait bien la matière. »

G. Fichet dit lui-même qu'il a composé son traité suivant la méthode et la doctrine des Grecs, de Platon, d'Aristote, d'Isocrate, de Théophraste, joignant ensemble les préceptes de l'art et les définitions de la philosophie [2].

L'œuvre fut accueillie avec faveur, avec *applaudissement,* dit encore Gibert, par les admirateurs du professeur.

A la fin du troisième livre se trouvent quatorze distiques composés par R. Gaguin pour chanter les louanges de G. Fichet. Nous avons déjà parlé de l'admiration sincère qu'avait pour notre professeur cet écrivain qui fut célèbre en son temps. Les vers élogieux qu'il a voulu placer à la fin d'une œuvre de son maître et ami, sont une preuve de plus de l'estime et de la considération dont jouissait G. Fichet;

(1) Ouv. cité, t. III, p. 509.

(2) On peut voir dans l'*Origine de l'Imprimerie à Paris,* p. 111, la reproduction de la première page du *Traité de Rhétorique.*

et à ce titre nous n'hésitons pas à en publier la traduction [1] :

« Robert Gaguin à son père et à son précepteur Guillaume Fichet, docteur en théologie, de Paris, salut.

« Vous transformez en or, illustre Fichet, la boue dont la nature a fait les hommes, et, par l'éloquence, de ces derniers vous faites des dieux.

« La noble Lutèce peut vous élever jusqu'aux cieux, vous qui lui procurez des orateurs habiles par votre langage éloquent.

« Elle parlait une langue obscure, pauvre, dépourvue d'art, et maintenant elle brille d'un vif éclat, grâce à son élocution élégante.

« Les manuscrits étaient depuis longtemps enfouis sous une poussière malpropre, les voilà qui sortent des ténèbres pour revoir le jour !

« La parole de Cicéron, le père de l'éloquence, retentit véhémente, dans les chaires des professeurs, où on lit mille ouvrages des anciens.

« Si ces auteurs ont conservé, ainsi qu'on doit le croire, le sentiment des choses d'ici-bas, vous pouvez vous flatter, croyez-le, d'être la cause qu'il se réjouissent entre eux.

« Il est grand, il est beau d'acquérir par son travail et la réputation et l'immortalité, de plaire au ciel et de charmer la terre.

« Celui qui dorénavant parlera le pur latin, se proclamera votre disciple.

« Et dans les temples sacrés, ainsi qu'on le voyait en Grèce, l'éloquence règnera unie à la philosophie.

[1] M. Madden (ouv. cité, p. 179) en a donné aussi une traduction.

« Des théologiens paraîtront, qui tous seront vos élèves, et qui voudront égaler Jérôme.

« Vous serez ainsi pour la France ce que Prométhée fut pour la Grèce, lui qui du feu céleste anima le limon dont l'homme était composé.

« Vous serez aussi comme Deucalion, ce père des hommes, qui donna le souffle de la vie à des pierres.

« Heureuse est la Savoie d'avoir un enfant tel que vous qui serez l'éternel honneur de la France.

« Réjouissez-vous donc, docteur, car votre nom a conquis l'immortalité ! Et, bienveillant comme vous l'êtes, aimez Gaguin toujours davantage.

« Adieu et vivez heureux. »

Cette pièce de vers, dont nous avons déjà cité des fragments pour établir la nationalité de Fichet comme pour prouver la haute situation acquise par notre docteur au sein du monde savant parisien, affirme aussi avec autorité le rôle important que joua G. Fichet dans l'organisation et la marche de l'atelier prototypographique français.

Tout cela a été un peu oublié et on avouera qu'il était juste de le rappeler.

CHAPITRE IX

SOMMAIRE. — Les principaux ouvrages imprimés dans l'atelier de Sorbonne. — L'*Orthographia* de Gasparino, et la lettre de G. Fichet à Robert Gaguin. — Le Traité des *Devoirs* de Cicéron. — Lettre de G. Fichet à Jean Heynlin ; réponse de celui-ci.

Après le *Traité de Rhétorique* de Guillaume Fichet, l'atelier de Sorbonne imprima plusieurs volumes in-4° : un ouvrage de *Datus,* resté inconnu aux bibliographes et que nous avons retrouvé dans la bibliothèque de Bâle (1); des lettres de *Phalaris*, de *Brutus*, de *Platon* ; le *De Duobus Amantibus* et le *De Miseria Curialium* d'Ænéas Sylvius; les *Bucoliques*, les *Eglogues* de Virgile et les *Elégances* de Laurent Valla qui ont été le premier *in-folio* sorti des presses de la Sorbonne ; il contenait 279 feuillets.

Dans tous ces volumes, la marque de G. Fichet n'apparaît pas ; il laisse à son ami Heynlin la surveillance complète de leur correction et de leur exécution.

Mais dès le commencement de 1472, la collaboration effective de notre compatriote fit de nouveau son

(1) V. *Origine de l'Imprimerie à Paris,* p. 137.

apparition en tête du volume publié, l'*Orthographia* de ce même Gasparino de Bergame dont les *Epistolæ* avaient été le premier ouvrage imprimé dans l'atelier de Sorbonne.

L'exemplaire de l'*Orthographia* conservé à Bâle, seul possède, en tête, une lettre de Guillaume Fichet qui est restée, pour ce motif, longtemps inconnue. Cette lettre-préface, qui répondait aux préoccupations littéraires du docteur de Sorbonne, est adressée à Robert Gaguin, son disciple et son ami. Elle a été publiée à part, en texte latin, avec un commentaire, par le savant conservateur de la Bibliothèque de l'Université de Bâle, M. le docteur Louis Sieber, en 1887 (¹). Voici la traduction des principaux passages de cette lettre qui a attiré l'attention des bibliophiles :

GUILLAUME FICHET
Docteur en théologie de Paris
à ROBERT GAGUIN
homme très savant, salut !

« Je ressens la plus grande satisfaction, très érudit Robert, en voyant fleurir dans cette ville (*Paris*) qui les ignorait jadis, les compositions poétiques et toutes les parties de l'éloquence. Car lorsque je quittai pour la première fois le pays de Baux (²), dans mes jeunes années, afin de venir à Paris étudier la science d'Aristote, je m'étonnais beaucoup de ne trouver que si rarement dans Paris tout entier un orateur ou un poète.

(¹) *Basileæ, ex typographia Schweighauseriana*, 1887.

(²) Nous avons dit que Guillaume Fichet avait fait ses études secondaires à Avignon. Le texte latin porte *ex agro Boïco.*

« Personne n'étudiait nuit et jour Cicéron, comme la plupart le font aujourd'hui ; personne ne savait faire un vers correct ; personne ne rajeunissait dans ses vers les fictions d'autrui, car l'école parisienne, déshabituée de la latinité, était à peine sortie de l'ignorance en tout discours.

« Mais de nos jours, date une meilleure époque pendant laquelle les chantres divins, comme disent les poètes, cherchent de plus en plus à posséder les connaissances relatives à l'art du bien dire ; si bien que moi, poussant les autres à enseigner et vous, les protégeant jusqu'auprès des Muses pour tous les genres de poésie, non seulement les divins maîtres Tibulle, Lucrèce, Horace, Naso, Statius, Lucien, Martial, Perse et Juvénal, mais encore le premier de tous, Virgile, des Champs-Elysées reviendront vers nous, et sans doute hésiteront pour s'assurer que vos vers ne sont point les leurs. Quoi de plus semblable en effet à ceux de Virgile que vos chants en l'honneur du grand roi Louis XI ? Quoi de mieux réussi que ces vers dans lesquels vous avez imité quelques-uns de ses dialogues ?

« Je passe sous silence les louanges à la ville de Paris, qu'on peut vous rappeler maintenant en raison de l'élégance des termes et de la hauteur des sentiments, de telle sorte qu'il est difficile de donner la préférence à l'une ou à l'autre louange. Je passe aussi sur ce discours qu'avec votre supériorité habituelle vous avez écrit sur la Gaule et l'Espagne. Car à vrai dire il n'est pas le moment de vous entretenir de vos écrits. Je dois parler du retour de l'étude des Humanités.

« Autant que je puis me l'imaginer, ces études retireront un grand secours de l'art inventé par les nouveaux imprimeurs que de nos jours, l'Allemagne (comme un autre cheval de Troie) a fait sortir de son sein pour les répandre partout.

« On rapporte, en effet, dans cette contrée, que ce fut un certain Jean Gutenberg *(cui cognomen bonemontano)* ([1]) qui, non loin de Mayence, fut jadis le premier inventeur de l'art d'imprimer au moyen duquel, rapidement, avec netteté et élégance, on fait des livres avec des lettres de métal, et non plus avec un roseau à écrire suivant l'usage antique, ni avec la plume ainsi qu'on a coutume de le faire de nos jours.

« Cet homme a réellement bien mérité que toutes les Muses, tous les arts et tous ceux qui les cultivent et se laissent charmer par les livres, le couvrent de louanges divines, le placent au-dessus des dieux et des déesses, et cela avec d'autant plus de raison qu'il a apporté aide et appui aux lettres mêmes et aux hommes studieux.

« Bacchus, Cérès qui nourrit les mortels, ont été divinisés : le premier, parce qu'il inventa le jus de la vigne et qu'il en remplit la corne d'Achéloüs; la seconde parce qu'elle remplaça le gland de Chaoni par l'épi gras et replet, et aussi (pour me servir d'une autre expression poétique) parce que la première elle fendit la terre avec le soc acéré de la charrue et en fit sortir des fruits et de savoureux aliments.

« Gutenberg, lui, a fait une découverte plus féconde et plus divine encore, car il a trouvé le moyen de sculpter des lettres grâce auxquelles tout ce qui peut être dit ou pensé est immédiatement écrit et reproduit de manière à passer à la postérité !

« Je n'aurai garde d'oublier, à ce propos, que les premiers des maîtres habiles en l'art d'imprimer qui sont venus chez nous sont : Ulrich, Michel et Martin ; il y a déjà longtemps *(jam pridem)* ils ont imprimé les

([1]) Traduction du nom de Gutenberg qui signifie en allemand *bonne montagne*.

Epistolæ de Gasparino de Bergame, que Jean de Lapierre a revues pour les rendre plus correctes; en outre, ils se sont mis en devoir de reproduire l'*Orthographia*, du même auteur, revue aussi par Jean de Lapierre. Cette œuvre, à mon sens, a un grand mérite, car elle sera non seulement bien reçue par la jeunesse, mais encore elle sera utile aux travaux des savants. En effet, ce qu'il faut dire pour l'édification de beaucoup, c'est que l'orthographe n'est pas une chose dont l'importance est médiocre, mais très-grande au contraire, très-appréciable, avant tout nécessaire et agréable, puisque la manière de bien écrire comme celle de faire sentir l'orthographe doit avoir notre approbation dans toute langue, grecque, latine et vulgaire, approbation qui ne peut être obtenue que si cette langue est correcte, écrite purement, facile à lire, si elle est débarrassée de tout style entortillé. Quel est, en effet, le grammairien, l'orateur, le philosophe que vous trouvez ayant excellé, qui n'ait étudié à fond cet art divin? »

Suit une revue assez longue des auteurs latins cités à l'appui de la thèse de G. Fichet, qui témoigne de la grande érudition du docteur de Sorbonne. Il termine ainsi :

« Il découle de là surabondamment, ainsi que je l'ai établi au début, qu'il n'y a personne qui ait bien mérité de la grammaire, de la rhétorique ou de la philosophie sans s'être exercé longtemps à l'art d'écrire. Et que, d'autre part, les erreurs les plus nombreuses et souvent les plus graves en littérature, en poésie, en éloquence, en histoire, en médecine, en droit civil, en Ecriture Sainte et en n'importe quelle autre branche des connaissances humaines, ont eu, à mon avis, pour origine unique l'ignorance de l'orthographe et de la transcription des textes.

« Je me réjouis donc de vivre dans ce siècle plutôt que dans le siècle précédent puisqu'il m'est donné d'y voir une foule d'hommes qui, dans les travaux scientifiques comme dans ceux de l'imagination, sauront acquérir la science de bien dire et de bien écrire, et qu'il n'y a pas un titre un peu éclatant qui doive manquer à nos contemporains, par cela qu'ils se seront évertués d'avance à ne pas se manquer à eux-mêmes.

« Adieu. — Vous pardonnerez la longueur de ma lettre à cause de mon immense attachement pour vous.

« Ecrit à la hâte, en Sorbonne, Calendes de janvier, à la première heure du jour (1). »

Cette lettre, imprimée avec les caractères de l'atelier de Sorbonne, comme le volume en tête duquel elle se trouve, est datée, on vient de le voir, des *Calendes de janvier, au point du jour.*

Est-il nécessaire que nous cherchions à prouver qu'il faut lire : *1er janvier 1472 ?* Le seul fait que G. Fichet rappelle que les prototypographes parisiens ont déjà imprimé *depuis longtemps* les *Epistolæ* de Gasparino, *tirées à la fin de 1470*, suffit pour démontrer que sa lettre a été écrite le 1er janvier 1472.

Le volume de l'*Orthographia* de Gasparino a donc été composé à la fin de 1471, et l'impression en a été achevée en janvier 1472.

(1) Nous avons cru, pour lui laisser le plus possible sa couleur, devoir traduire ce texte mot à mot, comme nous l'avons fait pour tous les autres.

Mais avant tout, nous voulons revenir sur les points intéressants que présente la lettre de G. Fichet, en dehors de la question de date.

On peut se demander tout d'abord pourquoi on ne la trouve dans aucun des exemplaires connus de l'*Orthographia*, autres que celui de Bâle ; elle a été écrite, on ne peut en douter, pour servir de préface à l'ouvrage dont elle aurait dû accompagner tous les exemplaires, comme d'autres ont fait corps avec les principales impressions de l'atelier de Sorbonne. On trouve sans doute des ouvrages sortis de cet atelier et dont un seul exemplaire porte une lettre préface ; mais alors il s'agit d'une lettre d'envoi qui n'existe que dans l'exemplaire adressé au destinataire.

La lettre de G. Fichet, placée en tête de l'*Orthographia*, bien qu'adressée à Robert Gaguin, est une véritable préface et l'exemplaire qui la porte est non point celui de Gaguin, mais celui de J. Heynlin. Nous ne faisons qu'indiquer cette singularité sans prétendre l'expliquer.

Il n'est pas sans intérêt, d'autre part, de constater la mention expresse de Gutenberg comme inventeur de l'art d'imprimer, faite par G. Fichet. On a contesté à Gutenberg l'honneur d'avoir eu le premier l'idée de se servir de lettres mobiles, et de nos jours même, certains s'efforcent de remettre ce point en question. L'assertion de Fichet ne doit-elle pas dissiper toute espèce de doute à cet égard ? G. Fichet était presque contemporain de Gutenberg ; il tenait ses renseignements de J. Heynlin, né dans la région qui fut le berceau de l'imprimerie, et qui avait connu à Mayence les successeurs des premiers imprimeurs. G. Fichet a pu se renseigner encore auprès des trois prototypographes parisiens qui venaient des pays allemands et devaient connaître la vérité ; et celle-ci n'avait pu être altérée dans le court espace d'une vingtaine d'années. L'assertion de G. Fichet mérite donc confiance, et si on y joint celle de Trithème que nous avons citée, ne peut-on pas prétendre qu'il n'est pas possible de ravir à Gutenberg la gloire qu'on a voulu lui enlever ?

Enfin, cette lettre de G. Fichet est le seul document connu, signé par l'un des pères de la typographie française, qui cite les noms des trois prototypographes parisiens : Ulrich Gering, Michel Friburger et Martin Crantz.

Après l'*Orthographia* de Gasparino et au commencement de l'année 1472 encore, nous pensons que l'atelier de Sorbonne imprima un in-folio que nous désignons par ce titre : *Universum opus Officiorum M. Tullii Ciceronis*. Il contient en effet le traité complet des *Devoirs* de Cicéron, auquel on a ajouté les traités de *De Amicitiâ, De Senectute, Somnium Scipionis* et les *Paradoxa*. Le tout forme un volume de 123 feuillets, de 31 lignes à la page, sur papier.

Comme pour l'*Orthographia*, c'est grâce à une lettre-préface de G. Fichet qu'il est possible de fixer approximativement la date de l'impression de ce volume important. Voici comment s'exprime notre docteur en s'adressant à Jean Heynlin :

« Plus librement que je ne le fais avec aucun de mes amis, je vous impose de nouveaux travaux. J'aurais peine en effet à trouver quelqu'un qui me soit plus dévoué que Lapierre, ou plus assidu à la culture des lettres, ou plus attaché au devoir dès qu'il s'agit d'être utile à tous. Cependant je ne crains pas que vous me refusiez ce que je vous prie instamment de faire au nom de votre gloire et dans l'intérêt général.

« Lorsque naguère je me rendis auprès du roi, par l'ordre de Bessarion, cardinal de Nicée, pour exposer qu'il y avait nécessité de rétablir la paix entre les princes français afin d'entreprendre la guerre contre les Turcs, alors que j'attendais l'issue de mes négociations, une bonne fortune me fit tomber dans les mains plusieurs œuvres de Cicéron, que des libraires étrangers (que nous appelons des imprimeurs) avaient apportés à Tours.

« Au milieu de ces agitations de cour, la lecture de ces ouvrages me causa un plaisir plus vif même que celui que j'avais éprouvé à les lire et relire chez moi. Mais ce plaisir eût été infiniment plus complet si le texte eût été très correct et chaque livre bien divisé par chapitres, de la même manière que l'ont été l'*Orator* de Cicéron, *Valère-Maxime* et *Laurent Valla* imprimés sous votre direction. Ces divisions (qu'on nomme chapitres) donnent certainement à l'ouvrage une grande clarté, au point d'en rendre la lecture facile même aux enfants.

« Je viens en conséquence vous prier d'améliorer par votre méthode de correction et de division les *Devoirs* de Cicéron, que les libraires parisiens doivent imprimer d'ici à peu de temps. Cela doit être en effet très facile et très agréable pour un homme très savant et très obligeant auquel il ne manque rien pour que ce travail ne soit pas trop pénible.

« N'êtes-vous pas parvenu au premier rang dans l'étude des choses divines et dans les disputes théologiques de notre Sorbonne? N'êtes-vous pas le premier qui, de mémoire d'homme, ait porté en Allemagne le titre de licencié en théologie de Paris? Dans les connaissances humaines, n'êtes-vous pas certainement le premier des philosophes de notre temps? N'êtes-vous pas aussi passé maître éminent dans la connaissance des choses civiles, puisque vous avez rempli avec tant de sagesse et de savoir les plus hautes fonctions dans les écoles de Paris, ce qu'on nomme le rectorat? Je ne parlerai pas de la force d'éloquence dont vous avez fait preuve, ni des importants travaux littéraires auxquels vous consacrez avec ardeur vos jours et vos nuits.

« Il en résultera sans doute le plus grand bien pour tout le monde. Car la source des devoirs étant ainsi soigneusement ouverte et débarrassée de toute incorrection, les esprits pourront plus facilement y puiser un adoucissement et un remède à leurs peines. La Sagesse imposera un frein aux passions. L'Equité recouvrera son ancien lustre. L'esprit humain reprendra sa dignité. Nous resterons toujours maîtres de nous-mêmes et au dedans et au dehors. C'est par cette voie que nous parviendrons au rang de ceux qui, comme l'affirme Plotin, oublient les choses de la terre pour ne se rappeler et ne suivre que les lois du ciel.

« En rattachant votre nom à celui de Cicéron, vous obtiendrez le même titre de gloire que jadis Hippocrate de Cos, l'illustre restaurateur de la médecine, après Esculape; Pisistrate qui rétablit soigneusement le texte d'Homère; soit encore Tucca et Varius, qui, pour avoir publié *l'Enéide*, ont acquis à la suite de Virgile un renom immortel. Bien plus, le chemin de la véritable gloire s'ouvre de lui-même à vous plus brillant que pour ceux-là. La mise en lumière des sciences spéciales n'appartient en effet qu'à un petit nombre d'écrivains, et le renom qu'ils en retirent est renfermé dans des limites très-étroites ; tels Zénon qui enseigna la dialectique ; Lysias, la rhétorique ; Archimède et Euclide, la géométrie ; Phrynis, la musique ; et Atlas qui, bien avant tout autre, révéla le cours des astres.

« Mais ceux qui traitent de la vertu et de la règle des devoirs, ou qui comme vous vulgarisent de telles œuvres, non seulement se trouvent sans cesse dans l'esprit, sous les yeux, dans les mains, dans la bouche de tous ceux qui étudient, mais encore leurs noms sont célébrés jusqu'au ciel et dans l'éternité.

« Si l'on excepte Moïse chez les Hébreux, Pharaon chez les Egyptiens, Solon à Athènes, Lycurgue à Sparte, Numa Pompilius à Rome, qui les premiers donnèrent des lois écrites à leurs concitoyens ; Socrate et Cicéron qui, celui-là chez les Grecs, celui-ci chez les Latins, ont été, sinon les premiers, assurément les plus illustres maîtres de la science morale, on ne compte qu'un petit nombre de Romains qui se soient illustrés dans l'étude des lois — qu'ils appellent la science légitime. Je puis citer Appius Claudius, Sextus Hœlius et Nasica auquel le sénat conféra le surnom de *le plus honnête ;* Mucius qui fut appelé le grand homme et le grand citoyen ; Servius Sulpitius, auquel après sa mort dans une ambassade, le peuple Romain érigea une statue devant la tribune aux harangues, à titre de correcteur des lois. Offilius, à cause de la même science, fut ami intime de César. Labéon ne fut pas moins célèbre, au même titre, lui qui refusa le consulat auquel Auguste l'appelait, afin de pouvoir s'appliquer plus librement à la restauration des lois.

« Le nombre de ceux qui se sont illustrés en écrivant sur les *Devoirs*, soit avant soit après la naissance du christianisme, est infini. Si j'en fais revivre le souvenir, ce n'est pas que j'aie le moindre doute sur vos travaux, ni sur la part que vous prenez à l'intérêt général, ni sur votre bienveillance pour moi, mais c'est afin de vous faire comprendre que le but de ma supplique est de vous faire un nom illustre parmi les auteurs les plus sages et les plus célèbres.

« Vous aurez donc pour titres tant de facultés acquises par vous-même. Vous aurez des preuves de mérite qui jailliront sans nombre tant d'autres missions que de vos rapports avec vos très-illustres et très-bienveillants marquis de Bade (1). Vous aurez enfin une gloire et un renom tels qu'à vous seul, une seule entreprise courte et bien menée peut les procurer, et qui grandiront de jour en jour.

« Adieu. Ecrit très à la hâte, à Tours, dans la demeure de mon hôte, Rodolphe Toustain, le plus accueillant des amis, le 7 mars 1472. »

Cette lettre est datée de 1471 suivant l'ancien style, mais il faut lire le 7 mars 1472, Pâques s'étant trouvé, cette année-là, le 29 mars.

Après sa lettre G. Fichet a placé un quatrain dont voici la traduction :

« Sur le conseil de Guillaume, soyez attentif, Lapierre, à bien ponctuer et diviser les livres de Cicéron ; par ce travail facile, ô vous, ma glorieuse espérance, vous pourrez être toujours utile et honoré. »

(1) J. Heynlin avait eu pour élève, nous l'avons dit, un des marquis de Bade qui devint évêque d'Utrecht.

A la missive de G. Fichet, J. Heynlin a fait une réponse qui est imprimée à la suite de celle de son ami dans le volume des *Devoirs*. Il y rend éloges pour éloges à son confrère et collaborateur, et l'assure qu'il est toujours aussi empressé d'écouter ses conseils et de suivre ses avis dans l'intérêt de leur œuvre commune d'éditeurs. Après avoir modestement fait ressortir que les éloges qu'il avait reçus de G. Fichet étaient au-dessus de la vérité, et qu'ils n'étaient point nécessaires pour l'engager à obéir à son ami, qu'il a choisi comme guide et conseiller, il poursuit en ces termes :

« Mais ces éloges dont vous m'avez comblé en vers et en prose pour m'encourager à revoir et à diviser les *Devoirs* de Cicéron, je les déclare plus applicables à vous qui, pendant de nombreuses années, avez enseigné la théologie ainsi que la philosophie, celle-là dans la Sorbonne, celle-ci dans le quartier des écoles de Paris; à vous qui avez exercé d'une manière digne de louanges les fonctions de prieur de Sorbonne, de recteur de l'Université de Paris, comme aussi les fonctions d'ambassadeur du roi et de légat du pape; à vous qui avez écrit sur les belles-lettres, qui avez enseigné si souvent (ainsi que l'a écrit Bessarion, cardinal de Nicée, ce père dont l'autorité est si grande) cette science que les Athéniens préféraient à toute autre et pour laquelle les Romains étaient passionnés. A mon avis, l'éloge qu'Apollonius de Rhode faisait de Cicéron, vous avez mérité de le recevoir de la part des Français. Car de même que Cicéron a le premier, avec profusion, transporté l'éloquence de Grèce en Italie, de même vous le premier, l'avez importée d'Italie à Paris. Et c'est pour ce motif, comme l'a dit Gaguin en vers remarquables [1], que la noble Lutèce peut vous élever jusqu'aux cieux, vous qui lui avez procuré des orateurs habiles par votre enseignement éloquent.

« C'est pourquoi je ne m'étonne pas si maintenant vous qui êtes orateur, vous qui êtes cet homme capable et habile à manier la parole que définit Caton, qui êtes celui que les *Devoirs* de Cicéron proposent comme modèle, je ne m'étonne pas si maintenant vous m'imposez la tâche de reviser et de diviser littérairement ces *Devoirs*, afin qu'après examen vous puissiez juger s'ils sont à la hauteur des autres ouvrages publiés.

« A la vérité, cher maître, vous imposez un rude labeur à un homme qui est au-dessous de l'importance de la tâche, mais qui n'ose refuser de l'accomplir. Si ce travail est au-dessus de mes faibles moyens et si je succombe sous son poids, à vous la faute, à vous qui m'aurez imposé une charge trop lourde pour mes forces. Dans le cas contraire, dans le cas où j'aurai supporté cette si grande charge, fût-ce avec peine et incomplètement (comme il arrive aux faibles), à vous en reviendra réellement la gloire, à vous qui, lorsque les *Devoirs* étaient encore enfouis dans l'obscurité, avez pensé que j'étais capable de les faire connaître aux Français.

« C'est pour ce motif, que plus animé de bonne volonté que nanti de la capacité nécessaire, j'ai obéi à vos ordres ; bien mieux, j'ai voulu mettre sous vos yeux non seulement les *Devoirs* de Cicéron que j'ai corrigés le mieux que j'ai pu et divisés en chapitres avec leurs rubriques, mais encore (afin de répondre dans une plus large mesure à votre amitié) *Lœlius, Caton* et le sixième

[1] Allusion à la pièce de vers de Gaguin qui se trouve dans le traité de *Rhétorique* de Fichet.

livre de la *République* qu'on désigne ordinairement sous le titre de *Songe de Scipion*, eux aussi corrigés et divisés comme les *Devoirs* ; je soumets le tout à votre appréciation et à votre haute compétence.

« Et afin que vous puissiez asseoir le plus rapidement possible votre jugement sur l'ensemble de ce travail, j'ai placé en tête du volume un résumé de mes divisions (ce qu'on appelle vulgairement une *table*) qui est comme l'abrégé de tous les livres, et que je vous soumets aussi, persuadé que vous le regarderez d'un œil favorable et que vous l'apprécierez avec votre sentiment habituel de justice.

« Adieu. Ecrit dans la Sorbonne de Paris.

Comme Fichet avait placé un quatrain à la fin de sa lettre, Heynlin en place un aussi à la fin de la sienne :

« Agréez, cher Guillaume, les livres de Cicéron bien séparés les uns des autres. Si cet arrangement leur est nuisible, c'est vous qui serez le coupable ; si au contraire il leur est utile, à vous plus qu'à Lapierre en reviennent le mérite et la plus grande louange. »

Il nous a semblé qu'il était utile de reproduire intégralement ces deux lettres qui donnent une fois de plus la mesure exacte des tendances littéraires de nos deux Sorbonistes, si on en dégage certaines amplifications qui trouvent leur excuse dans la mode du temps.

La lettre de Fichet seule est datée ; Heynlin n'a pas pris cette précaution pour la sienne ; toutefois, il suffit de connaître que la première a été écrite le 7 mars 1472, pour être certain que l'impression des *Devoirs* de Cicéron a été terminée vers cette date.

CHAPITRE X

SOMMAIRE. — Les dernières années de G. Fichet. — Sa correspondance avec Bessarion au sujet de la Croisade contre les Turcs; ses illusions patriotiques à ce propos. — Il écrit à Sixte IV. — Part qui lui revient dans la décision prise à Rome d'envoyer Bessarion en France comme légat. — Bessarion en France; son entrevue avec Louis XI et son insuccès. — Départ de Bessarion; sa mort.

En même temps qu'il secondait J. Heynlin de son savoir dans la noble tâche que tous deux avaient entreprise, et qu'il continuait à professer dans la Sorbonne et les écoles de l'Université, G. Fichet poursuivait sans relâche la solution de la grosse question de la guerre contre les Turcs, de la croisade dont le cardinal Bessarion avait été le promoteur zélé.

Nous avons vu G. Fichet épouser avec ardeur, dès le commencement de 1471, la cause soutenue par le cardinal et s'en établir le champion en France, faisant imprimer les *Orationes* qu'il distribue à tous les souverains et aux chefs d'ordres religieux, poussant même le dévouement jusqu'à se présenter au roi Louis XI pour tenter de prouver à ce monarque que l'intérêt de la France était lié, dans ces circonstances, à celui de la chrétienté, sermonnant avec un zèle de missionnaire les seigneurs de la cour, en français ou en latin, suivant le degré d'instruction des personnages.

Et dans cette propagande active, disons-le bien vite à sa louange, G. Fichet n'avait pas seulement pour objectif la résistance à l'envahissement de l'Europe occidentale par les Turcs, envahissement que beaucoup à cette époque considéraient comme imminent. Son espoir était aussi de ramener la paix en France, dans ce pays alors déchiré par les guerres intestines de princes à princes. Cette dernière préoccupation se dévoile dans toutes les lettres écrites par G. Fichet à Bessarion et surtout dans les dernières, ainsi qu'on va le voir.

Cette pensée patriotique lui fait trop honneur pour qu'on néglige de la mettre en relief.

Tout porte à croire que ce fut dans le commencement de 1472 que la question de la croisade devint sa principale préoccupation. A partir de ce moment, il paraît en effet n'avoir plus prêté une collaboration soutenue à l'atelier de Sorbonne, tout comme J. Heynlin, du reste. Depuis la publication de l'*Orthographia* et du *De Officiis*, on ne trouve plus la marque de nos deux éditeurs sorbonnistes dans les volumes sortis de cet atelier : après l'*Orthographia* et le *De Officiis*, préparés déjà vers la fin de 1471, après le *Florus*, les *Satyres* de Juvénal et de Perse et les *Comédies* de Térence, les prototypographes ne mirent plus au jour, dans le courant de 1472, que trois épais in-folios dont le caractère littéraire ne répond pas aux aspirations, au goût de G. Fichet et de J. Heynlin.

C'est dans les lettres échangées entre Bessarion et Fichet que nous allons trouver la preuve de l'ardeur plus grande apportée en 1472 par le docteur de Sorbonne dans sa propagande en faveur de la guerre sainte.

Cet échange de correspondance, nous l'avons dit, n'avait été jusque là ni très régulier, ni très sûr, eu égard aux difficultés des communications. On voit nos deux personnages déplorant à plusieurs reprises les retards souvent trop longs qu'ils éprouvent dans la réception de leurs missives; tous deux se plaignent même parfois de n'avoir pas reçu les envois qu'ils s'adressaient mutuellement. Ainsi Bessarion, dans sa dernière lettre de 1471, datée du 18 novembre, informe Fichet qu'il n'est pas en possession des livres que celui-ci, dans une lettre apportée à Rome par Robert Gaguin, lui annonçait avoir confiés à un messager. Il craint à son tour, ajoute-t-il, que le dernier envoi qu'il lui a fait lui-même n'ait été égaré.

De cet envoi de Fichet faisaient sans doute partie les exemplaires enluminés de la *Rhétorique* destinés au pape et à Bessarion. Le paquet dut en effet rester égaré pendant plusieurs mois, car ce ne fut que le 13 et le 14 février 1472 que les destinataires accusèrent réception des exemplaires de l'ouvrage.

La lettre de Sixte IV est datée de Rome, le 14 février 1472 : *Apud sanctum Petrum sub annulo piscatoris die* XIII *februarii* M.CCCC.LXXII, *pontificatus nostri anno primo* (1). Le pontife remercie Fichet de l'envoi de la *Rhétorique* qu'il a lue avec plaisir, dit-il; il connaissait les qualités de l'homme et du savant par ce que lui en avait dit Bessarion; il complimente Fichet sur ses travaux en même temps que sur son dévouement au Saint-Siège. A la première occasion, ajoute Sixte IV, il le récompensera et lui marquera son affection.

La lettre de Bessarion mérite une attention spéciale. Elle est datée du 13 février 1472 : *ex Urbe, idibus februarii* M.CCCC.LXXII (2). Après avoir remercié G. Fichet de l'envoi de la *Rhétorique,* le cardinal dit qu'il a remis à Sixte IV l'exemplaire destiné à ce pontife. Il aurait pu se dispenser de recommander à l'attention du pape ce volume qui se recommandait de lui-même par les qualités dont l'auteur y a fait preuve : *non egebat commendationem liber qui per se est ornatissimus ;* mais il n'a pas moins cru devoir faire les plus grands éloges de Fichet à Sixte IV qui s'est montré admirateur de l'érudition du docteur de Sorbonne.

Après cet exorde, et c'est ici que sa lettre présente le plus grand intérêt, Bessarion profite de la circonstance pour parler de la question de la croisade, qu'il

(1) *Recueil* cité, 2e part. Lettre XII. Le millésime est noté suivant l'usage romain d'après lequel on commençait l'année au 1er janvier. L'énoncé *pontificatus nostri anno primo* en est du reste la preuve, puisque Sixte IV fut élu le 9 août 1471.

(2) *Recueil* cité, 2e part. Lettre VIII.

amène en remerciant de nouveau Fichet de ce qu'il a fait en faveur de l'entreprise, notamment par la publication des *Orationes*. L'envoyé de Fichet lui a exposé tous les conseils donnés par son savant ami pour mener à bien la grande œuvre. Le cardinal confirme ce que l'histoire rapporte, qu'ayant été nommé légat du pape auprès de Louis XI, afin de plaider devant ce roi la cause qui intéressait à un égal degré tous les princes chrétiens, il avait dû décliner l'honneur de remplir ce mandat à cause des graves infirmités qui l'accablaient : « l'âme, pleine d'ardeur, s'écrie-t-il, a dû le céder au corps affaibli. » Le cardinal avait alors soixante-dix-sept ans.

Cependant, ajoutait Bessarion, il surmonterait toutes les difficultés si Fichet le tenait rapidement au courant des faits importants qui pourraient faire bien augurer d'un suprême effort. Il faut aller vite en pareille matière ; que Fichet écrive à son frère en Savoie et à ses amis, pour leur recommander de presser la marche du messager qui viendra l'avertir. Et, le cas échéant, il se rendra auprès du pape qui lui confiera de nouveau, il l'espère du moins, la mission dont il l'avait déjà honoré.

Le cardinal Bessarion laissait donc à G. Fichet le soin de décider ce qu'il y avait à faire de plus opportun dans cette grande question qui agitait le monde chrétien. Ce fait inconnu jusqu'à ce jour n'est-il pas intéressant ? Ne prouve-t-il pas l'utilité qu'il y a pour l'historien de recourir à toutes les sources, même aux plus humbles pour connaître la vérité tout entière ?

Les lettres de Sixte IV et de Bessarion mirent peu de temps, un mois environ, pour parvenir à Fichet. Le cardinal n'avait-il pas dit que dans les circonstances pendantes il fallait aller vite ? Aussi voyons-nous Fichet répondre aux deux missives de Rome presque courrier par courrier.

Ce fut tout d'abord à Bessarion que notre docteur répondit, le 4 avril 1472. La lettre ne porte pas de millésime et se termine par cette simple mention : *Ex edibus Sorbone scriptum pridie nonas aprilis* (1) ; mais son texte indique clairement qu'elle est une réponse à celle du 13 février 1472, écrite par le cardinal.

Dans son entrée en matière, Fichet se montre heureux d'avoir appris par son homme de confiance, Othon — celui qui probablement avait fait le voyage de Paris, porteur des lettres — combien grande étaient l'amitié et la charité de Bessarion pour lui ; il le remercie d'avoir si bien parlé au pape du modeste docteur de Sorbonne et de ses travaux : Sixte IV lui a écrit en effet à ce sujet, et lui a donné ainsi une preuve précieuse de sa haute approbation et de son amitié vénérée, allant jusqu'à la promesse d'une récompense.

C'est à ce propos que Fichet déclare, comme nous l'avons dit au courant de cette étude, qu'il a refusé les présents des princes à la cour desquels il avait été souvent appelé ; mais qu'il ne refuserait rien

(1) *Recueil* cité, 2e partie. Lettre X.

de ce qui lui viendrait du pape ou de Bessarion. Ce n'est point, ajoute-t-il, qu'en cela il soit mû par un sentiment d'ambition, mais c'est afin de pouvoir mieux servir la cause de l'Eglise, de mieux aider le souverain pontife et le cardinal, tâche à laquelle il désirerait consacrer ses travaux, ses jours et ses nuits.

Répondant à ce que Bessarion lui avait écrit au sujet des *Orationes,* Fichet se fait humble à plaisir : c'est plutôt lui qui doit de la reconnaissance à l'illustre cardinal, puisque ce dernier a été cause qu'il s'est mis en évidence, lui *rustique Savoyard* qui se consume dans la poussière de Lutèce : *quas (gratias) tibi potius debeo, qui tantillum rusticulum Sabaudum diuturnis in pulveribus qui Parisii pene computruit, eo confestim extulisti.* D'ailleurs c'est au nom de Bessarion pour qui, après Dieu, il a le plus vif amour, c'est pour la dignité du prince de l'Eglise qu'il a distribué les *Orationes* aux princes de France et de l'étranger, à tous les chefs des ordres religieux.

Et c'est ainsi que Fichet ressaisissait adroitement la question de la croisade. Son intention évidente était de ranimer chez le cardinal un zèle ralenti par la maladie et un peu par le découragement.

Il avait appris avec joie, poursuit-il, que Bessarion avait été désigné comme légat du pape, à l'effet de venir en France et d'engager le roi à lever une armée contre les Turcs. Mais quand il a su par la lettre du cardinal que celui-ci avait décliné ce mandat, il a été saisi d'effroi. Et comme il ne sépare jamais l'intérêt de la France de celui de la chrétienté, Fichet ajoute qu'il a tremblé aussi bien pour la France que pour la catholicité. La décision de Bessarion est fatale aux malheureux chrétiens et aux Français : avec l'accent du désespoir, il s'écrie : « Maintenant que nous n'avons plus l'espérance de voir renaître la paix au milieu de nous, nous retombons dans les ténèbres les plus épaisses ! »

Et pour mieux appuyer sur cette idée, il explique que lorsqu'au mois de janvier la nouvelle de la légation de Bessarion se répandit en France, tous regardaient la paix comme venue du ciel, tous pensaient, espéraient que par ce moyen l'accord se rétablirait entre les princes français, en proie à la *rage guerrière*.

Mais cet espoir ne s'était pas réalisé, et avant même que fût parvenue à Paris la lettre dans laquelle le cardinal exposait les motifs qui l'avaient forcé à ne pas accepter la mission de légat, les bruits de guerre s'étaient répandus de nouveau.

On se souvient qu'il s'agissait toujours de la lutte longue et acharnée engagée entre Louis XI et le duc de Bourgogne, Charles-le-Téméraire. La trêve conclue le 4 avril 1471 avait été prorogée plusieurs fois, et enfin un traité avait été préparé, que le duc de Bourgogne et le roi Louis XI n'avaient envie de signer ni l'un ni l'autre. Chacun se préparait à recommencer les hostilités auxquelles devait prendre part le duc de Guyenne qui s'était prononcé contre le roi, mais qu'une maladie mortelle tenait éloigné du mouvement.

Ce fut aux approches de Pâques ([1]), dit G. Fichet, que le duc de Bourgogne rassembla une nombreuse armée ; le roi, de son côté, avait ordonné une levée de soldats, le quatrième jour après Pâques. Fichet, devançant un peu les événements, représente la guerre comme complètement engagée à la date du 4 avril. « La tempête est déchaînée, écrit-il au cardinal, elle « gronde avec fureur ; les conditions de la paix ayant « été rompues, le choc des armes retentit partout ; « nous arriverons rapidement à nous noyer dans une « mare de sang répandu grâce aux haines mutuelles « qui se donnent cours. »

Il devançait ainsi un peu les événements, sans doute pour frapper mieux l'esprit de Bessarion, car ce ne fut que dans le courant de mai, après la mort du duc de Guyenne, que Louis XI, refusant définitivement de signer le traité, entra en campagne ; c'est alors seulement que la guerre fut déchaînée, guerre dont les premiers épisodes furent le siège de Nesle et celui de Beauvais.

Mais Fichet avait son objectif : décider Bessarion à venir en France pour qu'il tentât de détourner la guerre du territoire de la patrie afin de la porter à l'étranger. Illusion, espérance vaine, il est vrai ; mais illusion, espérance, louables et patriotiques dont, encore une fois, il faut savoir gré à celui qui les nourrissait. « Ah ! « si les Turcs connaissaient ce triste état de choses, « dit-il au cardinal, avec quelle audace ils attaqueraient

([1]) Pâques, en 1472, se trouva le 29 mars.

« l'Italie ! Comme ils viendraient renverser nos villes !
« Comme le monde succomberait, ainsi que la religion
« du Christ, sous les coups de Mahomet ! Tant de maux
« peuvent-ils accabler l'humanité! à ce point (et ici
« le diplomate apparaît) que Bessarion, sur qui on
« comptait pour sauver les peuples, Bessarion est rendu
« inactif, non pas qu'il soit brisé par la vieillesse, mais
« parce que les maladies lui ont enlevé les forces! Que
« faire ? Comment traîner ainsi une vie si misérable,
« condamnés que nous sommes à périr soit par nos
« propres armes, soit par le glaive des Turcs ! »

Et alors vient le trait direct à l'adresse du cardinal :
« Qui pourrait porter remède à ces maux si ce n'est
« Bessarion en venant comme légat en France ? »

Pour amortir un peu l'effet de ce trait direct, Fichet insinuait habilement que, s'il tenait un pareil langage, ce n'était point pour forcer Bessarion à accepter enfin la légation, mais pour qu'il sût ce qu'on pensait de lui, et qu'il prît en pitié les malheurs de la chrétienté dont par sa maladie il était involontairement la cause ; pour qu'il comprît que seuls ses conseils et son aide pourraient faire cesser une si triste situation.

Enfin, dévoilant sa pensée entière, il n'hésite plus à prier le cardinal de vouloir bien réfléchir de nouveau sur ce qu'il y aurait à faire, et il ajoute que, quant à lui, il attend des ordres dans le fond de sa retraite.

G. Fichet terminait sa lettre par une diversion sur l'ouvrage publié par le cardinal pour la défense de Platon, question toujours pendante entre nos deux personnages, et il invitait Bessarion à dédier le plus tôt possible, nominativement, à l'Université de Paris ([1]), un exemplaire de cet ouvrage qu'il se proposait de faire imprimer par les typographes parisiens — ce qui, soit dit en passant, ne paraît pas avoir été fait.

Ainsi qu'il ressort de sa lettre, G. Fichet, avec sa ténacité savoyarde, n'abandonnait pas son rêve de voir Bessarion arriver en France dans le but d'y prêcher la croisade qui, à ses yeux, aurait eu pour conséquence de mettre un terme à la guerre cruelle que se faisaient les princes français.

Mais il ne se borna pas, dans ce moment décisif, à exciter adroitement Bessarion à accepter la légation. Répondant, le 14 avril, à la lettre que lui avait écrite Sixte IV, il reprend la question assez longuement, et il en fait une sorte d'historique. Il supplie le pontife de pousser activement à la guerre contre les Turcs, et habilement, il introduit Bessarion dans son discours, présentant le cardinal comme attendu impatiemment en France, manifestant l'espoir de voir la chrétienté sauvée par l'action combinée de Sixte IV et de Bessarion ([2]).

Fichet ne cacha pas au cardinal cette missive adressée au pape ; il avait intérêt, au contraire, à la lui faire connaître, et c'est à lui qu'il l'envoya en le

([1]) Bessarion dut prévenir le désir de Fichet, car le 4 mai suivant, l'Université de Paris remerciait le cardinal de l'envoi de cet ouvrage. (Voy. *Recueil*, 2e partie, lettre XV).

([2]) *Recueil* cité, 2e part. Lettre XIII.

chargeant de la remettre à Sixte IV s'il la jugeait digne d'intéresser ce dernier, sinon il le priait de la jeter au feu. En attendant, notre ardent docteur se garda bien de ne pas profiter de cette nouvelle occasion pour presser Bessarion : « Ne souffrez pas, lui écrit-il, que « vous, vivant, les entreprises pour le salut de la « chrétienté s'évanouissent comme un songe ! Si vous le « souffriez, personne après vous ne pourrait s'acquitter « d'une tâche aussi grande ; si, au contraire, vous mar- « chez résolument en avant, si vous persistez à exciter « le pape, peut-être Dieu vous exaucera-t-il (1) »

Les hésitations de Bessarion durent prendre fin devant les pressantes sollicitations de Fichet, et grâce peut-être aussi, si l'on en croit le cardinal de Pavie, à une lettre que Louis XI lui aurait écrite le 5 mars, pour l'engager à venir en France. Ce dernier document ne s'est retrouvé nulle part, mais il est permis de croire à son existence si l'on pense que, dans ce moment, Louis XI pouvait avoir un intérêt politique à mettre fin à certaines divisions existant entre la cour de France et celle de Rome.

Quoi qu'il en ait été, Bessarion se décida à partir pour la France dans les premiers jours du mois de mai ; le 13 de ce mois il était à Bologne. Mais avant de franchir la frontière et même les Alpes, il dut attendre longtemps, près de deux mois, dit-on, avant d'obtenir de Louis XI le sauf-conduit nécessaire. Les choses avaient

(1) *Recueil* cité, 2e part. Lettre XIV.

changé d'aspect en France depuis le 5 mars; les hostilités entre le roi et les princes semblaient prêtes à reprendre vigueur à la fin de ce mois, et le roi était préoccupé de toute autre chose que de l'arrivée du légat du pape.

Enfin le sauf-conduit fut expédié à Bessarion qui franchit péniblement le Mont-Cenis, traversa la Savoie et s'arrêta à Lyon. Le 15 août, il était à Saumur d'où il écrivit à Louis XI, lui annonçant son arrivée, prêchant la pacification de la France et disant que sa première visite sera pour le roi et qu'il ne se rendra que plus tard auprès des ducs de Bourgogne et de Bretagne.

La dernière étape franchie, Bessarion obtint une audience du roi, entrevue au sujet de laquelle on a répandu et répété bien des fables. On a prétendu que Louis XI aurait reçu grossièrement Bessarion, lui reprochant d'avoir fait sa première visite au duc de Bourgogne. La lettre de Bessarion, datée de Saumur, et les faits qui vont suivre prouvent que ce reproche ne pouvait être adressé à l'envoyé du pape.

Brantôme, le premier, croyons-nous, a donné cours à cette fable et l'a racontée en style moqueur, plaisantant fort sur la barbe que portait le cardinal suivant la coutume des Grecs. Brantôme prétend avoir puisé son renseignement dans la *Chronique de Savoie,* nous ne saurions dire laquelle : ce ne peut être celle de Servion qui s'arrête à 1451. Après avoir rapporté que Louis XI avait trouvé mauvais que Bessarion eût vu le duc de Bourgogne avant de l'avoir visité lui-même, le chroniqueur français ajoute, que le roi écouta tant bien que mal la harangue du cardinal, et que celui-ci ayant terminé son discours : « d'un visage moitié courroucé, « moitié ridicule et de mépris, et lui ayant mis douce-« ment la main sur la barbe reverentiale, à mode que « fit le bonhomme Homenas, quand il filoit les mous-« taches de la sienne, parlant des miracles des decre-« tales dans le bon rompu de Rabelais, il luy dict : « Monsieur le Révérend, *Barbara greca genus retinent* « *quod habere solebant*. Et sans lui faire réponse « autre, le planta là tout esbahi. »

Si le fait était vrai, il faudrait avouer que l'*esbahissement* de Bessarion eût été parfaitement justifié.

Mais on ne peut croire que le roi se soit souvenu juste à point d'une règle de la grammaire latine de cette époque pour en faire une insulte à l'adresse de l'envoyé du pape ; c'eût été une inconvenance peu explicable chez ce souverain fantasque mais habile politique, duquel un de ses historiens a dit assez plaisamment que « le chariot triomphant des prospérités de sa vie fut tiré par la prudence, la justice, la libéralité, la réputation (1). »

Ce qui est certain, toutefois, c'est que le légat du pape ne reçut pas de Louis XI un accueil aussi satisfaisant qu'il l'aurait désiré ; peut-être même les seigneurs de la cour, profitant de la mauvaise humeur du roi, ne se gênèrent-ils pas pour tourner en ridicule le prélat grec et plaisanter sur sa barbe qui, assure-t-on,

(1) Mathieu Pierre, *Histoire de Louis XI*, Paris, 1628.

avait déjà fait commettre au cardinal Angelotto, de Rome, une irrévérencieuse allusion : « C'est bien ainsi ! aurait dit un jour ce cardinal italien en parlant de son confrère grec — parmi tant de biches il faut un bouc ! »

Bessarion, pour tout résultat de son ambassade, obtint de poser les bases d'une sorte de concordat au sujet de quelques difficultés pendantes entre Rome et la France. Mais il va sans dire que Louis XI ne voulut pas entendre parler de pacification ; défense fut même faite au légat de voir les ducs de Bourgogne et de Bretagne ; il fut question sans doute de la croisade, dans la harangue du cardinal, mais la conversation ne s'engagea pas sur ce point.

Evidemment Bessarion et Fichet, quelles que fussent leurs bonnes intentions, avaient fait fausse route.

Le découragement, le désespoir même durent s'emparer d'eux. Bessarion quitta Paris dans les premiers jours de septembre pour retourner à Rome ; le 13 septembre il était à Lyon et il écrivait de cette ville à Sixte IV pour l'informer qu'il avait repris la route de la Ville Eternelle sans avoir rien pu faire en faveur de la paix, qu'il n'avait pu voir le duc de Bourgogne sur l'ordre de Louis XI, que tout effort auprès de ce dernier était inutile !

Fatigué, tourmenté par la maladie, le pauvre cardinal repassa le Mont-Cenis avec beaucoup de peine et tomba tout à fait malade à Turin. De là, comme il ne pouvait supporter le transport par terre, il descendit le Pô jusqu'à Ravenne où il expira le 18 novembre 1472.

CHAPITRE XI

SOMMAIRE. — G. Fichet abandonne Paris, à la suite de Bessarion, et se rend à Rome. — Ses succès dans cette ville; faveurs dont il est l'objet de la part du pape. — Lettres que lui adresse Robert Gaguin. — Date probable de sa mort. — Ses publications. — Ses manuscrits.

Il est facile de se représenter la douleur que dut ressentir G. Fichet après l'issue malheureuse de la mission du cardinal Bessarion, lui qui avait poussé à l'entreprise avec une si grande ardeur, qui avait nourri de si belles et si patriotiques illusions sur la possibilité de mettre fin, par la seule présence du cardinal en France, aux guerres civiles qui déchiraient ce pays! De quel chagrin ne dut-il pas être frappé lorsqu'il vit s'écrouler en quelques jours tout son plan de pacification si longuement préparé, et fuir à jamais sa naïve espérance de voir les armes fratricides des princes français se retourner d'un commun accord contre les ennemis de la chrétienté!

Sa douleur fut si grande qu'il prit la résolution de quitter le pays témoin de ses succès passés, ce pays auquel il s'était dévoué jusque-là corps et âme. Mais peut-être aussi fut-il encouragé à prendre cette résolution suprême par un autre motif. D'après ce que rapporte le *Liber de scriptoribus sorbonicis,* que nous avons déjà cité, et comme on va le voir constaté par Robert Gaguin, Fichet s'était fait de puissants adversaires à Paris, à propos de graves discussions qui s'étaient élevées au sein de l'Université; probablement au sujet de la mission de Bessarion et du projet de concordat arrêté entre le roi et le légat du pape, projet qui rencontra l'hostilité de plusieurs personnages marquants du monde universitaire.

Cette circonstance, jointe à des désillusions d'une autre nature, a pu déterminer Fichet à s'éloigner de la France. Il partit donc brusquement de Paris pour suivre le cardinal Bessarion. Accompagna-t-il ce dernier dans son triste et pénible voyage? On peut le supposer, mais rien ne le prouve. Ce qui est certain, c'est qu'à dater des derniers mois de 1472, on ne retrouve plus trace de lui à Paris, et si on n'était pas en possession d'une lettre de l'Université à Sixte IV et de cinq autres lettres de Robert Gaguin à son ancien maître et ami, on ignorerait même complètement ce que devint le professeur qui brilla, pendant de nombreuses années, d'un si vif éclat au sein des écoles de Paris, celui qui concourut si puissamment à l'établissement de l'art typographique en France!

La lettre de l'Université de Paris à Sixte IV prouve que G. Fichet, arrivé à Rome peu de temps après la mort de Bessarion, fut aussitôt l'objet des faveurs du pape. En effet, par cette lettre, qui doit être datée du

5 décembre 1472 et non 1471 comme on l'a imprimé dans le volume qui l'a reproduite, on apprend que Fichet venait d'informer ses anciens confrères que Sixte IV l'avait nommé son camérier et lui avait accordé un bénéfice de cinq cents livres. L'Université remerciait chaudement le pape de cette marque de distinction donnée à celui qu'elle s'honorait de compter au nombre de ses enfants. Ce remerciement était adressé à Sixte IV, au nom principalement de la nation de Picardie (1).

Les cinq lettres écrites de Paris par Robert Gaguin à G. Fichet, à Rome, sont intéressantes à consulter. Elles se trouvent dans un Recueil de lettres et d'opuscules de l'auteur du *Compendium super Francorum gestis*, disséminées au milieu de plusieurs autres adressées à divers personnages et placées dans un ordre qui ne paraît pas rigoureusement chronologique (2). Elles

(1) *Parties des pièces et actes qui concernent l'estat présent et ancien de l'Université de Paris,* par Quintaine, pet. in-4°, Paris, 1653. Voir *Actes concernant l'unité du Recteur,* etc., p. 12. — L'impression donne la date du 5 décembre 1471 à la lettre de l'Université, ce qui est une erreur évidente, puisque G. Fichet était à Paris dans les premiers mois de 1472. Cette erreur d'impression a fait dire faussement à Chevillier que G. Fichet partit pour Rome en octobre 1471, erreur répétée par le *Journal des Savants,* n° du 28 mars 1695.

(2) *Epist. et Opusc. Roberti Gaguini,* Paris, 1498. La Bibliothèque nationale possède deux éditions de ce Recueil, l'un in-4°, *Réserve Z,* et l'autre, in-16, *Réserve Z,* 708. — Nous rappelons qu'à cette époque l'ordre chronologique n'était pas observé dans les recueils de lettres imprimés ou manuscrits. Nous avons eu l'occasion d'observer ce fait dans le *Recueil ms.* des lettres de G. Fichet et de Bessarion.

portent les n°s x, xi, xix, xxi et xxiv du *Recueil,* et sont datées du jour, sans désignation de millésime, ainsi qu'il suit : 30 septembre, 5 février, 13 octobre, 25 mars et 6 juillet.

Dans la première, Robert Gaguin se plaint de n'avoir pas reçu de réponse à plusieurs missives qu'il a écrites à Fichet ; il aurait dû cependant, dit-il, être l'objet du souvenir de son maître et ami, lui qui le défend contre les vieilles calomnies de ses détracteurs, contre les envieux, les persiffleurs *(exsibilatores),* et qui a mérité pour ce fait le titre de *fichétiste.* Cette lettre, qui vient à l'appui des dires du *Liber de scriptoribus sorboniciis,* ne peut être du 30 septembre 1472, bien que placée la première dans le *Recueil,* G. Fichet n'ayant pu quitter Paris que dans ce mois de septembre même. Elle serait donc plutôt de l'année 1473.

La seconde semble devoir être du 5 février 1473, car elle se rapporte précisément aux faveurs dont Fichet fut comblé par Sixte IV. Après le titre de camérier, Fichet reçut celui de pénitencier du pape. Gaguin le félicite d'avoir obtenu ces distinctions successives, dont il se montre lui-même fier à l'Académie de Paris; il l'exhorte à persévérer dans ses vertus, afin de procurer aux gens de l'Académie les faveurs de l'Eglise qui, le plus souvent, sont obtenues par les ignorants et non par les érudits.

La troisième lettre de Robert Gaguin, datée du 13 octobre, doit être postérieure aux deux premières ; elle porte le n° xix du *Recueil.* Celle qui est inscrite sous le n° XVII, adressée à Charles *Saccus*, docteur en théologie et ami aussi de G. Fichet, mentionne par exception le millésime; elle est datée des calendes de septembre 1482. Est-ce à dire que la missive de Gaguin à G. Fichet soit de la même année? On ne peut le soutenir d'une manière absolue, étant donné le désordre chronologique que nous avons signalé comme existant dans les recueils de lettres de cette époque.

Néanmoins la lettre du 13 octobre a dû être écrite après 1474. Dans cette lettre Robert Gaguin félicite Fichet sur les succès que ce dernier continuait de remporter à Rome où ses prédications, paraît-il, produisaient une assez grande sensation. Gaguin exprime toute la joie qu'ont ressentie leurs amis communs en apprenant de quelle considération il jouissait auprès du pape et des membres du Sacré-Collège. Parmi ces amis de Paris, il doit compter, dit-il, en première ligne Aimé Gombert, conseiller au Parlement, qui, dans une réunion de la veille, faisait les plus grands éloges de la science de l'ancien professeur.

Dans sa quatrième lettre, datée du 25 mars, Robert Gaguin parle aussi de la fidélité des amis que Fichet a laissés à Paris; ses admirateurs, dit-il, sont toujours nombreux et n'oublient pas qu'il a remis en honneur les lettres et l'éloquence dans la capitale de la France, ce qui devrait lui procurer l'immortalité. Après cet éloge que nous avons vu souvent répété par les contemporains de G. Fichet, Gaguin met son ami au courant de ce qui se passe à Paris au sujet de la grande querelle des *nominalistes* et des *réalistes ;* il annonce que le roi a ordonné de faire disparaître les publications des *nominalistes.* Ce dernier fait démontre que la lettre du 25 mars est de l'année 1474, car ce fut précisément le 1er mars de cette année que Louis XI, interposant son autorité et sa *science certaine* entre les deux camps des scholastiques, signa un édit à Senlis, par lequel il défendait aux *nominalistes* d'enseigner leur doctrine, et ordonnait de mettre leurs ouvrages sous séquestre (1). Les prescriptions de cet édit furent peu observées, la liberté d'enseigner fut rendue aux *nominalistes* par le roi Louis XI lui-même, en 1481.

Enfin la cinquième lettre, datée du 6 juillet, est certainement postérieure aux précédentes; c'est, selon toute probabilité, la dernière que Gaguin écrivit à son ami quelque temps avant la mort de ce dernier. Il s'y plaint, en effet, de n'avoir pas reçu depuis tantôt deux ans des nouvelles directes de Fichet; il se montre très inquiet, car il a appris par un nommé *Roerius* qu'il avait fait une grave maladie. Il avait accusé tout d'abord son ami d'avoir oublié leur attachement réciproque, mais en apprenant l'accident qui lui est arrivé, sa mauvaise humeur s'est changée en douleur et en regret.

(1) L'édit de Louis XI est daté du 1er mars 1473 ancien style, Pâques s'étant trouvé le 10 avril en 1474. C'est un long réquisitoire contre les *nominalistes* appuyé de l'opinion de docteurs de l'Université parmi lesquels figure J. Heynlin (V. *Recueil des anciennes lois françaises,* etc. Paris, Plon frères, t. X.)

Il est impatient de recevoir de ses nouvelles ; il espère que Fichet aura suivi le pape à Viterbe, et que là le bon air, le climat sain auront achevé pour sa guérison complète ce que les soins des médecins n'auraient pu faire : qu'il se hâte, dit-il, de tirer ses amis du doute dans lequel ils se trouvent à son sujet.

Tels sont les seuls documents connus, jusqu'à ce jour, où l'on puisse trouver quelques renseignements sur G. Fichet depuis son départ de Paris. Les recherches que nous avons fait faire à Rome, dans l'espoir de trouver des notions plus complètes, n'ont donné aucun résultat.

D'après les lettres de Gaguin, on acquiert tout au moins la certitude que G. Fichet en arrivant à Rome reçut de Sixte IV un accueil qui le dédommagea amplement des déboires, des désillusions qui marquèrent les dernières années qu'il passa en France. De tout temps — et il en sera toujours ainsi — les intelligences d'élite ont eu leurs détracteurs, leurs calomniateurs dont la jalousie aiguise la langue ou la plume. Fichet, on l'a vu, avait subi les attaques de ces êtres venimeux qui pullulent dans les sectes, les écoles de toutes sortes et se donnent pour mission de frapper ceux que le talent et le travail ont placés au-dessus d'eux.

Cependant, si un homme devait être épargné, c'était G. Fichet, que ses contemporains les plus illustres avaient chanté en prose et en vers pour la gloire qu'il s'était acquise en remettant en honneur à Paris l'étude sérieuse des belles-lettres et l'éloquence, en contribuant à installer dans la patrie française l'art typographique qui devait marquer une si grande étape dans la marche de la civilisation et de l'émancipation du monde !

Peut-être Fichet aurait-il méprisé les attaques des envieux et n'eût-il pas abandonné l'Université de Paris, si le triste résultat de la légation de Bessarion ne l'avait jeté dans un découragement complet. Braver les injures est chose facile à l'homme qui a la conscience de sa force intellectuelle ; mais ce même homme, de fer contre les attaques, est le plus souvent brisé par l'anéantissement de ses plus chers désirs, par la perte des illusions que son âme a entretenues.

Toutefois si G. Fichet eut ses détracteurs qui lui continuèrent leur haine, même après son départ de Paris, il eut, on le sait, de nombreux amis qui lui restèrent fidèles ; Robert Gaguin nous a prouvé qu'il fut le plus zélé de ceux-ci, en même temps que le plus illustre.

Cet ami dévoué ne se contenta pas de prendre la défense de son ancien maître dans les discussions publiques ou privées ; il a même un jour composé une pièce de vers dans laquelle, jouant sur le nom de Sixte IV, *de la Rovère, du Rouvre* (espèce de chêne, en latin *robur*) et sur celui de Fichet, qu'il traduisit par *ficus*, figuier, il tira de l'assemblage des deux noms une allusion morale qui ne manque pas d'originalité. Voici la traduction de cette pièce de vers curieuse :

POURQUOI LE PAPE SIXTE IV A APPELÉ AUPRÈS DE LUI, A ROME, G. FICHET.

« Ce n'est pas pour un vain motif que Sixte a voulu recevoir Fichet à Rome. Il y a là un sens mystique.

« Le nom que porte Sixte rappelle le *rouvre* et les glands, aliment de la vie, nourriture dont l'homme se repaît.

« Il a voulu y ajouter la douce *figue* provenant de l'arbre aux fruits mielleux, afin que, vigilant pasteur, il puisse préparer bientôt les aliments destinés à son troupeau.

« Le gland est la nourriture des forts, la figue est celle des faibles : avec eux l'humanité aura une provision suffisante d'aliments.

« Ainsi le gardien du monde désire adoucir les siècles de fer au moyen d'une alimentation aussi substantielle qu'abondante, formée par la figue et le gland. »

Est-il étonnant qu'après de tels épanchements poétiques Gaguin se soit attiré l'épithète de *fichétiste?*

On serait en droit de croire qu'un homme qui avait eu des admirateurs aussi enthousiastes et persévérants, ne pouvait passer de vie à trépas sans qu'on en fût instruit. Et cependant G. Fichet a quitté ce bas monde sans qu'on ait jamais su quand et dans quelles circonstances il a rendu le dernier soupir! Ses contemporains ont affirmé que ses succès à Rome ne se ralentirent pas, et que probablement il aurait été nommé cardinal si la mort n'était venue interrompre une carrière si bien remplie. Le *Liber de scriptoribus sorboniciis,* tout en avouant qu'on ignore la date précise de la mort de G. Fichet, exprime l'opinion que celui-ci dut vivre jusqu'en 1490 [1]. Autant qu'on en peut juger d'après l'ensemble des faits connus, il ne paraît pas probable que G. Fichet vécut au-delà de 1480, c'est-à-dire qu'il dut mourir à l'âge de cinquante ans environ, et par conséquent au moment où son intelligence avait acquis toute sa force et allait peut-être lui permettre de jouir à Rome d'une situation plus brillante, si ce n'est plus glorieuse, que celle qu'il avait conquise à Paris.

Entièrement absorbé par le professorat durant la majeure partie de sa vie, G. Fichet n'eut pas le loisir de composer de nombreux ouvrages.

Outre son traité de *Rhétorique*, on ne connaît de lui que deux opuscules. Le premier fut écrit vers 1466, ainsi que le constate le manuscrit qui est conservé à la Bibliothèque nationale[2]. Cet opuscule ne fut publié que quarante ans après la mort de G. Fichet, en 1521, par Gromors, libraire de Paris, dont la marque, très finement gravée, est imprimée sur le dernier feuillet du volume. Il est intitulé :

CONSOLA-
tio Luctus et mortis Parrhisiensis edi-
ta ab excellentissimo uiro domino Guil-
lelmo Ficheto, oratore fecundissimo; ac
in sacra pagina professore eximio.
Prostat Parrhisiis sub Cochleari
e regione templi diui Hylarii
cum Privilegio
1521

(1) *Liber de script. sorb.* p. 227.

(2) Bibl. nat. Mss. latins, nº 16,685.

Ce volume forme un petit in-4° de II et 48 feuillets (1). Pierre Gromors avait eu l'intention, paraît-il, de publier en même temps une seconde édition de la *Rhétorique* de Fichet, car dans le *Privilège*, daté du 14 août 1521 et extrait des registres du Parlement, il est dit que l'éditeur a fait une demande pour les deux ouvrages : *Guillelmi Ficheti de consolatione Parisiensis luctus, cum Rhetorica ejusdem.* Pierre Gromors s'en est tenu au premier en y insérant les distiques composés par Robert Gaguin pour la *Rhétorique*.

Le texte est précédé des vers de Gaguin imprimés sur le verso du 2me feuillet, et de deux préfaces : la première, de l'éditeur, sous la signature de Nicolas Bérald, adressée à Antoine Bosc, évêque de Béziers, et dans laquelle sont rappelés les mérites de G. Fichet; la seconde, qui avait été écrite par l'auteur, à l'adresse de son protecteur Jean Rolin, cardinal et évêque d'Autun, est intitulée : *Funebris Prefatio Inconsolationem Luctus et Mortis.* Le texte contient une longue dissertation sur les regrets que doit inspirer la mort d'un homme de bien et d'intelligence, dissertation remplie d'exemples pris dans l'antiquité et développée avec la phraséologie de l'époque. G. Fichet a choisi pour type un médecin de Paris, savant, dévoué, que la peste aurait emporté prématurément et auquel il a donné le nom d'Odon.

(1) La Bibliothèque nationale possède un très bel exemplaire de cet opuscule sur vélin, n° 1920, et un autre sur papier. *Réserve, Inventaire* n° 1217.

En composant cette dissertation, notre docteur avait voulu faire œuvre de professeur de rhétorique : son but avait été d'écrire un modèle du genre délibératif, avec tous les développements que ce genre comportait alors : c'est ce qu'il a indiqué lui-même par une note marginale que nous avons trouvée dans le manuscrit, au commencement du premier livre, et qui est ainsi conçue : *Deliberativi generis formula et exemplar hic adest quæ sculpta et imagine membra.*

Cet opuscule ne forme que la première partie du traité que Fichet s'était proposé d'écrire; il y manque la seconde partie, soit la *Consolatio mortis,* ainsi que le prouve l'*explicit* du manuscrit de la Bibliothèque nationale :

Guillermi Ficheti In consolatione Parisiensis Luctus Liber primus explicit. Sequitur secundus. In consolationem mortis, alio posthac volumine explicandus.

Ce second livre annoncé devait être destiné à démontrer que, toute légitime que soit la douleur occasionnée par la perte d'un homme de bien, il ne faut pas envisager la mort comme un accident trop regrettable : après la consolation tirée des sentiments inspirés par le deuil, devait venir la consolation inspirée par le repos que procure la mort.

Mais il est probable que Fichet n'a jamais écrit cette seconde partie. L'imprimé de 1521 n'en fait aucune mention; l'*explicit* conçu comme suit ne se rapporte qu'à la première partie :

Guillelmi Ficheti in Consolationem Parisiensis Luctus liber fæliciter explicit Parisiis! Opera et impensis Petri Gromorsi Anno dn̄i millesimo quingentesimo XXI die vero XIII Augusti

Panzer cite, d'après l'abbé Morelli, un autre opuscule de G. Fichet ([1]), et qu'il désigne sous ce titre évidemment factice : *Guillelmi Ficheti carmen inscriptum Philippo Levino Arelatensi Archiep. tit. SS. Petri et Marcellini Presbytero Cardinali, præmissa epistola e carmine Joannis Philippi siculi ad Guillermum de Estoutauilla Cardinalem Hostiensem, qui vulgo Rhotomagensis nominatur.* — In-4° de quatre feuillets.

Suivant l'observation de Brunet ([2]), cet opuscule, à en juger par la lettre de Philippe de Lignamine, aurait été imprimé à Rome entre 1473 et 1476.

Ces publications sont les seules qu'on sache sorties de la plume de G. Fichet.

Quelques auteurs ont prétendu qu'il avait laissé des *Commentaires* sur l'histoire de la Maison de Savoie. Albanis Beaumont a même soutenu que Philibert de Pingon s'était servi de ces *Commentaires* pour rédiger sa chronologie de l'histoire de Turin, publiée en 1577,

([1]) Panzer, T. XI, p. 336.

([2]) Brunet, T. II. col. 1242.

dans cette ville, sous le titre de *Augusta Taurinorum*. On a pris pour une œuvre historique la lettre écrite par G. Fichet aux princes de Savoie afin de les exciter à la croisade, et dans laquelle il a répété toutes les fables qui ont eu cours, pendant un temps assez long, sur les origines de la Maison de Savoie. Nous avons cité cette lettre au nombre de celles qu'envoya Fichet aux souverains de l'Europe pour les engager à s'armer contre les Turcs ; elle ne constitue en aucune façon un travail historique sérieux.

Il est à remarquer que, tout docteur en théologie qu'il était, Fichet ne composa aucun de ces lourds traités fort à la mode de son temps ; cela fait honneur à son goût littéraire, car bien peu de ses contemporains, même des plus savants, ne surent ou n'osèrent s'affranchir des règles étroites de la scholastique.

Le même goût littéraire dut présider à la composition de la bibliothèque de G. Fichet, à en juger par les volumes manuscrits qu'il laissa à la Sorbonne, et que son départ précipité ne lui donna sans doute pas le temps d'emporter à Rome. Ceux de ces volumes qui portent la marque précise de leur origine ont été classés par M. L. Delisle dans son remarquable *Cabinet des manuscrits de la Bibliothèque nationale*. Ils sont au nombre de douze. Ils ne laissent pas de présenter quelque intérêt, eu égard aux annotations que G. Fichet y a tracées, et dont quelques-unes jettent la lumière sur sa vie, comme aussi à cause des remarques qu'on en peut déduire sur certains points bibliographiques.

Voici quels sont ces manuscrits :

I. — *Homélies d'Origène* [1], petit in-folio de 107 feuillets en vélin, de deux colonnes à la page ; relié avec plats en bois, sans fers. Sur le recto du premier feuillet de garde, on lit écrit de la main de G. Fichet :

Est guillelmi ficheti bursarij de Sorbone.

II. — *Prima pars summæ sancti Thome doctoris angelici* [2], titre écrit par G. Fichet à la fin du volume ; petit in-folio de 288 feuillets en papier et vélin, de deux colonnes à la page. L'*explicit* indique que ce manuscrit a été achevé le 6 décembre 1456 et copié pour G. Fichet qui, à cette époque, se trouvait à Avignon.

III. — *Histoire du Monde*, par Orose [3], petit in-folio de 97 feuillets en vélin, de deux colonnes à la page ; très fatigué par l'usage. Au bas du cinquième feuillet, où commence le texte, G. Fichet a écrit :

Iste Liber est guilli. Phicheti bursarij Sorbone.

IV. — *Suetonij tranquilli de vita Cæsarum, et Libellus de vita et moribus Cæsarum*, etc., *ex libris Sexti Victorini* [4], petit in-folio de 113 feuillets en papier, au milieu desquels s'en trouvent trois en vélin ; deux colonnes à la page. Fichet a écrit au bas de la première page :

Guillelmo ficheto bursario famatissimi colegij Sorbone.

[1] N° 15,632 des Mss. latins de la Bibl. nat.
[2] N° 15,788 des Mss. latins de la Bibl. nat.
[3] N° 16,011 des Mss. latins de la Bibl. nat.
[4] N° 16,026 des Mss. latins de la Bibl. nat.

Après les livres de Suétone, et sur le 100e feuillet, se trouvent quarante-cinq vers latins tirés d'Ausonde, que presque toutes les éditions premières de l'ouvrage de Suétone ont reproduits, notamment celle de Pannartz (1470) et celle de Jenson (1471).

L'abrégé de la vie des empereurs romains de Sextius Aurelius Victor, l'auteur des *Hommes illustres de Rome,* abrégé qui suit l'œuvre de Suétone, occupe 13 feuillets, et porte ce titre : *Libellus de vita et moribus Cesarum imperatorum breviatus ex libris Sexti Victorini, a Cesare augusto usque ad Theodoxium.*

Il n'est pas sans intérêt de rappeler à ce propos que les premières éditions des *Hommes illustres* de Sextius Victor ont été imprimées sous le nom de Suétone et même sous celui de Pline le Jeune. Le manuscrit que nous décrivons peut expliquer, dans une certaine mesure, l'erreur des premiers typographes ; ceux-ci ont probablement reproduit des manuscrits dans lesquels des œuvres similaires des auteurs cités se trouvaient réunies sans désignation suffisante. Ce n'est qu'à dater de 1579, ainsi que le constate Brunet, que le *Liber illustrium virorum* a été définitivement restitué à Sextius Victor.

Le manuscrit ayant appartenu à G. Fichet porte une reliure du temps, repoussée avec coins, dessins de fleurs de lys en grande bordure, emblêmes d'animaux dans le centre disposés en lignes longitudinales. On y voit les traces de fermoirs et d'un crochet.

V. — *Traités divers de morale* (1), petit in-folio de 218 feuillets en papier, et comprenant :

1° Le *Compendium* de la *Morale* d'Aristote avec le *Commentaire* de saint Thomas d'Aquin; 34 feuillets, une colonne à la page. G. Fichet a écrit son nom après l'*explicit.*

2° Un fragment de l'*Economique* du même philosophe grec ; 3 feuillets et 1 page. On lit à la fin : *Explicit yconomiqua Aristotelis scripta pro magro Guillo. ficheto.*

3° *Commentaires* de saint Thomas d'Aquin sur les huit livres de la *Politique* d'Aristote ; 117 feuillets, une colonne à la page ; papier portant en filigrane une *tête de bœuf.* A la fin on lit : *Explicit,* etc., *scriptum p. magistro nostro guillo. ficheto anno domini M° IIIj° LVto, die XXIIj octobris.*

Ce manuscrit a été fait pendant le séjour à Avignon de G. Fichet, qui a écrit son nom au bas du dernier feuillet : *fichetoR*.

VI. — *Harangues* de Cicéron ; les *Trois sommes d'Hugolin jurisconsulte,* et des *Questions philosophiques ;* petit in-folio de 253 feuillets (2). *Les Harangues* occupent 111 feuillets en vélin chargés d'annotations de G. Fichet. Les deux autres parties sont écrites sur un papier très ordinaire.

Ce manuscrit porte une reliure du temps peu commune. Sur le verso du plat de fond se trouve la copie

(1) N° 16,107 des Mss. latins de la Bibl. nat.

(2) N° 16,228 des Mss. latins de la Bibl. nat.

d'un fragment de la lettre que le cardinal Rolin écrivit à G. Fichet pour le complimenter de sa nomination de recteur de l'Université de Paris.

VII. — *Traité de Rhétorique*, in-folio de 158 feuillets en papier, de deux colonnes à la page [1]. Ce volume porte une reliure du temps dont les plats en bois sont à nu, avec traces de fermoirs et d'un crochet.

Une note moderne semble donner à entendre que ce manuscrit pourrait être celui du *Traité de Rhétorique* de G. Fichet, mais c'est là une erreur. Le volume imprimé et le manuscrit dont nous parlons présentent une certaine similitude dans l'arrangement des définitions, mais ces dernières ne sont point les mêmes dans les deux ouvrages. Le manuscrit, du reste, n'est pas de l'écriture de G. Fichet qui n'y a même tracé que de très rares annotations. Il a appartenu au professeur de Sorbonne qui a pu l'utiliser pour ses cours, mais voilà tout.

G. Fichet a écrit sur le verso du premier plat de la couverture les quatre vers suivants à l'adresse du chancelier du duc de Calabre, Jean Choard, avec lequel il entretenait un commerce littéraire [2] :

(1) N° 16,233 des Mss. latins de la Bibl. nat.

(2) Jean Choard de Buzenval, seigneur d'Epinay, lieutenant civil de la prévôté de Paris en 1463, un des cinq notables que cette ville envoya auprès du duc de Berry le 22 août 1465, pendant le siège de la capitale. Il assista ensuite à l'Assemblée des notables convoqués à Tours par Louis XI, pour traiter des différends avec le duc de Bourgogne, laquelle se termina par la déclaration du 3 septembre 1470. J. Choard était chancelier du duc de Calabre, frère du roi René.

Suscipe Guillermi tibi missum pignus amoris,
Arma Chouardorum, quod prefert, nobile sigum.
Quem tibi Guillermus reddi jubet accipe librum (1);
Suscipe magnificis librum qui pingitur armis.

Ces vers étaient probablement destinés à accompagner le manuscrit suivant que G. Fichet fit exécuter pour Jean Choard et qui portait les armoiries de ce dernier.

VIII. — *Lettres de Platon*, traduites du grec en latin (2), in-12 de 95 feuillets utiles en vélin, de 19 lignes à la page. Ce petit manuscrit, exécuté avec beaucoup de soin, était destiné à Jean Choard, ce qui est indiqué par une lettre adressée à ce personnage et qui occupe le *verso* du 3e feuillet ; il y a aussi une réponse de Jean Choard. Ces deux lettres n'ont pour objet qu'un simple échange d'idées littéraires. Celle de G. Fichet porte la date du 5 des calendes de mai (3 mai), et celle de Jean Choard est du 3 des ides de mai (13 mai) ; le millésime n'est pas indiqué, mais comme G. Fichet prend dans sa lettre le titre de docteur, il s'ensuit que le manuscrit des *Lettres de Platon* a été fait à Paris postérieurement à 1468.

La première page du texte des *Lettres* est ornée d'une dentelle marginale complète. Dans la grande initiale G de *Guillelmus*, en tête de la lettre-préface de G. Fichet, sont peintes des armoiries : *d'or au*

(1) Une variante ajoutée au-dessus de ces deux derniers mots porte *ipse Fichetus.*

(2) N° 16,580 des Mss. latins de la Bibl. nat.

chevron d'azur accompagné de trois merlettes de sable 2 et 1, armes de Jean Choard (¹).

Fichet a placé le distique suivant à la fin de sa dédicace :

DISTICON FICHETEU

Ite mee Platonis opus ad vota Joannis
Vultu qui placido vos quoque suscipiet.

Ce joli manuscrit, postérieurement relié avec luxe aux armes du duc de Richelieu, a dû être fait d'après celui qui a servi à la composition du volume des *Lettres de Platon,* imprimé dans l'atelier de Sorbonne.

IX. *Traités d'éducation* (²), in-8° de 42 feuillets utiles et d'une colonne à la page, sur papier avec feuillets en vélin intercalés à double à chaque dizaine; reliure détériorée, plats en bois avec traces de fermoirs et d'un crochet. Ce manuscrit contient :

1° Un *Commentaire* de Guarinus de Vérone sur le traité de Plutarque l'*Art d'élever les enfants ;*

2° *De ingenuis moribus et studiis liberalibus adolescentiæ,* etc., de Pierre-Paul Vergerius, de Capo d'Istria *(Justinopolis),* mort en 1431 ;

(¹) Ou plutôt ce n'était là qu'une partie des armoiries de Jean Choard ; les armes complètes de sa famille étaient : *écartelé au 1 et 4 d'or, au chevron d'azur, accompagné de trois merlettes de sable ; au 2 et 3 d'azur à deux mains dextres d'or, au franc canton échiqueté d'argent et d'azur.* (V. *Hist. généal.* du P. Anselme, 3ᵉ édit. Paris, 1726, 2. II. p. 305-306.)

(²) N° 16,593 des Mss. latins de la Bibl. nat.

3° La préface de l'opuscule intitulé : *De secularibus studiis* de Basile-le-Grand, par Léonard Arétin. Cette préface, incomplète, est suivie d'une seule page de l'opuscule de Basile. L'écriture de ce fragment pourrait être celle de G. Fichet ; elle est ronde et très lisible. Sur le verso du premier plat de la reliure, on lit cette annotation :

Est guillermi fischeti
Reponatur in libreria Collegii Sorbone
quia est de libris M. Jo. Rocry.

X. — *De institutione regiminis dignitatum* (1), in-8° de 40 feuillets utiles en vélin ; une colonne à la page ; reliure de l'époque ; plats en bois détériorés et portant les traces de fermoirs et d'un crochet.

Ce manuscrit, fait de plusieurs écritures, est le traité sur l'*Institution des dignités* de Jean Tintus. Au bas du premier feuillet, on lit : *Guillō ficheto.*

XI. — Divers traités réunis en un volume in-8° de 129 feuillets en papier (2) ; reliure contemporaine très détériorée et en partie réparée. Les côtés intérieurs des plats de la reliure portent un grand nombre de notes et de vers latins, entre autres une épitaphe, pour une jeune fille de 18 ans. Ce manuscrit contient :

1° Des fragments de dissertations philosophiques, surchargés de notes dans les interlignes par G. Fichet ;

2° *De vita solitaria* de Pétrarque, pièce principale de la collection qui occupe 123 feuillets ; elle est annotée par G. Fichet ;

(1) N° 16,623 des Mss. latins de la Bibl. nat.
(2) N° 16,683 des Mss. latins de la Bibl. nat.

3° *Grammaticales regulæ,* de Guarinus de Vérone, fragment;

4° *De Amicitiâ,* de saint Ambroise.

Les deux dernières pièces sont de l'écriture de G. Fichet.

A la fin du traité de Pétrarque, on lit :

petrarce laureati vite solitaris liber secundus explicit. Ad Philippum cavaliscensis episcopum finitusque fuit die 26 mensis Augusti M° IIII° lvj. p. G. ficheti. Tu qui suxiste de Virgine Virgineum lac Celestis Regni scriptorem participem fac.

G. Fichet avait écrit son nom à l'encre rouge après ces lignes, mais on l'a effacé avec de l'encre noire.

A la fin du texte de saint Ambroise, se trouvent les lignes suivantes :

Ambrosi
Medial' epi de amicitia
Liber explicit — p. g. Phich.

C'est dans ce manuscrit, en marge de la dernière page de l'opuscule de Pétrarque, que se trouve la note faisant reconnaître la date du séjour de G. Fichet à Avignon, note que nous avons reproduite dans notre premier chapitre.

XII. — *In consolationem luctus et mortis Parrhisiensis* [1], in-8° de 56 feuillets en vélin ; c'est le manuscrit de l'opuscule de G. Fichet dont nous avons parlé plus haut. Reliure de l'époque avec plats en

[1] N° 16,685 des Mss. latins de la Bibl. nat.

bois, recouverts de veau repoussé à froid ; on voit les marques de fermoirs et d'un crochet. Le premier feuillet, qui contenait le commencement de la lettre-dédicace de G. Fichet au cardinal Rolin reproduite dans l'imprimé cité plus haut, est aux trois quarts déchiré ; il devait porter une grande initiale peinte en couleurs, avec une devise dont on aperçoit un fragment en lettres blanches sur fond bleu.

Nous avons cité l'*explicit* de ce manuscrit en parlant de l'édition imprimée en 1521. Nous ajouterons ici les lignes suivantes écrites au-dessous de l'*explicit :*

Domat oīa virtus ;
; 1466 ; 12 novēbris ;
Roscius
esto ;

Tels sont les seuls volumes connus comme ayant fait partie de la bibliothèque de G. Fichet qui évidemment devait en posséder un plus grand nombre. Mais ces douze manuscrits suffisent pour prouver que l'éminent professeur, ainsi que nous avons eu l'occasion de le constater à plusieurs reprises, eut des tendances littéraires plus libérales, plus élevées que celles de la plupart des hommes d'études ses contemporains.

www.ingramcontent.com/pod-product-compliance
Ingram Content Group UK Ltd.
Pitfield, Milton Keynes, MK11 3LW, UK
UKHW020559180726
13838UKWH00001B/338